FAO中文出版计划项目丛书

农业创新系统中的能力建设

——来自八个国家的共同框架实施经验

联合国粮食及农业组织　欧洲农业知识发展联盟　编著

吴建寨　张　晶　杨晨杰　等　译

中国农业出版社

联合国粮食及农业组织

欧洲农业知识发展联盟

2022·北京

本书的准备工作
PREPARATION OF THIS DOCUMENT

农业创新系统中的能力建设项目（CDAIS）自 2015 年至 2019 年，由欧洲联盟国际合作与发展总局（DG – DEVCO）资助，由欧洲农业知识发展联盟（Agrinatura）及联合国粮食及农业组织（FAO，简称粮农组织）研究及推广组（OINR）共同实施。该项目为 G20（20 国集团）重点关注的热带农业平台（TAP）提供了支持，该平台致力于热带地区农业创新发展的国家职能。农业创新系统中的能力建设项目旨在通过制定农业创新系统能力建设共同框架强化热带农业平台。该框架为促进农业创新系统思维、协同式学习以及增强热带国家农业创新系统能力提供了理念和指南。本项目在八个试点国家①对该框架（或称"热带农业平台共同框架"）进行了测试，并提供了横跨三大洲的各类情况。因此，对项目成果的横向分析旨在验证共同框架，即验证支持热带农业平台共同框架的假设，并验证在农业创新系统中的能力建设项目里，实施热带农业共同框架的模式为这八个国家带来了怎样的变化。换句话说，横向分析试图了解项目如何产生成果，这些成果在每个国家分别是什么，从而在理论和实践层面为升级热带农业平台共同框架提出建议。横向分析于 2020 年初，八国项目活动结束并完成报告后开展。横向分析将由 4 人组成的核心团队进行，这些核心团队在农业创新系统中的能力建设项目实施期间主持了监测-评估-学习（MEL）系统的设计与实践。横向分析报告的出版由法国农业发展研究中心（CIRAD）和联合国粮食及农业组织资助。

---

① 安哥拉、孟加拉国、布基纳法索、埃塞俄比亚、危地马拉、洪都拉斯、老挝和卢旺达。

摘　要
ABSTRACT

　　本书提供了一个在 8 个试点国家应用热带农业平台共同框架结果的横向分析，分析包括是否和如何运用热带农业平台共同框架，如何证明其有效。

　　这 8 个试点国家为安哥拉、孟加拉国、布基纳法索、埃塞俄比亚、危地马拉、洪都拉斯、老挝和卢旺达。

　　分析框架以现实主义评价原则为基础，认识到项目在不同环境下，通过不同变化机制发挥不同的作用。我们使用混合方法和农业创新系统能力建设监测-评估-学习（MEL）系统收集数据，并比较了 34 个创新位点伙伴关系和 8 个国家的"环境-机制-成果"配置。比较分析包括绘制影响路径、合并常见模式和调整农业创新系统中的能力建设项目最初所用的改变理论。

　　第一组结果为这些国家的农业创新议程与进程、成功实现需求驱动的创新行动所需的能力以及在国家层面建立运转良好的农业创新系统所需的能力提供了实证性的观点。

　　第二组结果确定了项目在各国施加影响时的促进和阻碍因素，探索了背景特征（农业创新系统的成熟度、创新位点伙伴关系的多样性）和项目实施模式（农业创新系统植入与参与式架构、需求主导法、多层面和过程导向法）。

　　本书最后建议在理论和实践层面升级热带农业平台共同框架，并根据需求主导的能力建设方法设计了干预措施和未来投资，以加强农业创新体系。

　　本书的目标读者是致力于支持农业创新和发展农业创新系统能力建设的专业人士和学术界专家。

致 谢
ACKNOWLEDGEMENTS

作者对欧洲农业知识发展联盟及联合国粮食及农业组织研究与推广部（OINR）在编写本书时提供的技术和行政支持表示感谢。

本书作者向所有在不同阶段为农业创新系统中的能力建设项目实施情况的学习回顾做出贡献的人表示感谢。

特别感谢 MEL 国家团队，他们在学习、实施、改进和交付 MEL 方法、工具和报告方面表现出众。

纪念埃塞俄比亚农业创新系统中的能力建设项目经理阿曼努埃尔·阿塞法（Amanuel Assefa），他致力于改善埃塞俄比亚的创新过程。

缩 略 语
ACRONYMS

AO	安哥拉
AIDA	农业综合发展协会（危地马拉）
AICS	意大利发展合作署（意大利）
AIS	农业创新系统
ATT	欧洲农业知识发展联盟任务组
BAPA	孟加拉国达卡农业展览会
BARC	孟加拉国农业研究协会
BARD	孟加拉国农村发展学院
BF	布基纳法索
BD	孟加拉国
CIPAC	区域蜂蜜生产者合作社
CIRAD	法国农业发展研究中心（法国）
CNA	能力需求评估
CONADEA	国家农业发展委员会（危地马拉）
CONAPI	国家蜂农委员会（危地马拉）
CD	能力建设
CDAIS	农业创新系统中的能力建设（项目）
CF	共同框架（农业创新系统能力建设中的）
CPM	国家农业创新系统能力建设项目经理
DAM	达卡阿萨尼亚代表团（孟加拉国）
DGFOMER	布基纳法索土地、培训与农村组织总局（布基纳法索）
DGSRI	科学研究与创新总局（布基纳法索）
DOPLA	政策与法律事务部（老挝）
EIAR	埃塞俄比亚农业研究所
ET	埃塞俄比亚
FAO	联合国粮食及农业组织
FO	农民组织

GRAF	土地研究行动组（布基纳法索）
GT	危地马拉
HN	洪都拉斯
ICRA	ICRA 基金（荷兰）
ICT	信息通信技术
ISA	高等农学研究所（葡萄牙）
ISS	创新支持服务
ISSP	创新支持服务提供者
KAP	知识-态度-实践
LA	老挝
MAF	农业与林业部（老挝）
MAGA	农业、牲畜与食品部（危地马拉）
MEL	监测-评估-学习
MESRSI	高等教育、科学研究与创新部（布基纳法索）
MoIC	工商部（老挝）
NAFRI	国家农林研究所（老挝）
NIFs	国家创新促进者
NICT	新型信息通信技术
NPC	国家（农业创新系统能力开发）项目协调员
NRI	国家资源研究所（英国）
PGS	参与式保障体系
RTCF	谷物加工者网（布基纳法索）
RW	卢旺达
TAP	热带农业平台
TAP CF	热带农业平台共同框架
ToC	改变理论
ToT	技术转让
VDFACA	兽药与动物饲料管理局（埃塞俄比亚）

执行摘要
EXECUTIVE SUMMARY

1. 农业创新系统能力建设方法中的创新

热带农业平台共同框架（TAP CF）是在全球层面开发的，作为农业创新系统中的能力建设项目（CDAIS）的初始活动，是以指导能力建设（CD）和加强农业创新系统（AIS）为目的的。该项目随后在安哥拉、孟加拉国、布基纳法索、埃塞俄比亚、危地马拉、洪都拉斯、老挝、卢旺达等八个试点国家对这一框架进行了测试。热带农业平台共同框架引入了能力建设和加强农业创新系统共同领域内的三项主要创新：

一种"双路径方法"

同时在两个能力建设的进程中规划并实施干预措施，其一是在地方层面的位点或称"创新位点伙伴关系"，其二则是在国家系统层面或称"国家农业创新系统"。这一方法是非常新颖的。这种"双路径方法"需要：①彻底理解或设想这两个层面之间的联系；②在每个层面设计具有针对性的能力建设干预措施；③设计衔接和促进这两个层面之间的干预措施。"双路径方法"的各个组成部分单独看并不新颖。"双路径方法"的创新与其中的挑战是在有限的时间内协调各个部分。

针对"职能能力"

第二个新颖之处是干预措施的设计侧重于一套非常具体的能力："职能能力"不同于技术能力，并且预先判断这些能力是实现技术能力潜能的必要条件。

这些职能能力在热带农业平台共同框架中被定义为使参与者能够反思、学习、协作、应对复杂性并参与战略和政治进程的能力。通过定义职能能力，参与者可以将关注点从被动解决问题转向共创未来。此外，推动和促进的领导方式是实现上述所有目标的必要条件。

通常农业部门的职能能力很少得到重视。这些职能能力更多被视为传统农业发展项目的间接或意外成果。农业创新系统方法提出利用一套新的关键职能能力来分析并采取加强农业创新系统的战略行动。核心能力需求评估的目的是确定能力差距，调整能力建设干预措施的设计。在加强农业创新系统领域中，注重职能能力、确定需要考虑的职能能力以及将与之相关的分析与业务行动相结合，是一种非常新颖的方式。这不是简单地提高生产能力或农业相关的商业能力。

"如何"建设农业创新系统中职能能力的实用指南

为使"双路径方法"和针对职能能力这两项原则发挥作用，我们在八个试点国家执行两项新原则的同时还鼓励农业创新系统中的能力建设项目伙伴制定一系列创新方法。为从业人员制定的主要创新方案包括：

- 创新位点伙伴关系的指导过程；
- 创新支持服务（ISS）提供者的指导过程；
- 市场作为位点参与者和创新支持服务提供者之间的桥梁；
- 政策对话；
- 监测-评估-学习（MEL）系统。

这些新方法可以在 www.cdais.net 的手册中找到，因此本书未作详细介绍。

2. 横向分析的目的与方法

横向分析的目的是了解农业创新系统能力建设方法如何在不同背景下促成成果、造成影响，并在理论和实践层面为升级热带农业平台共同框架提出建议。两个主要的指导性议题是：

- 是什么使农业创新系统能力建设方法在不同的环境中具有变革性或不变革性？
- 热带农业平台共同框架的有用性、可用性和应用情况如何？

为了能够在如此多样化的环境中追踪整个项目的变化，我们开发了一个基于现实主义评估原则的分析框架，该框架认识到项目在不同环境中、通过不同变化机制进行运转的方式不同。我们开发了一种定性和混合法，即"农业创新系统能力建设的 MEL 系统"，以检测、评估、比较在这八个国家实施项目期间完整的能力建设过程。MEL 系统包括：①原始的项目改变理论，或称"项目前改变理论"；②从三个维度，即个人、组织和有利环境评估和监测职能与技术能力的工具；③进行贡献分析和促进反思性学习的工具。MEL 系统主要应用于双路径的两个层面：创新位点伙伴关系和国家农业创新系统。

比较分析包括从不同国家的案例研究中得出背景-机制-成果的模式。对从部分国家获得的见解进行核查，并补充了从其他国家获得的数据与经验教训。基于个案法，我们将项目中重复出现的模式进行了归纳，并将特定的案例扩展并细化为具有通用性的新型项目改变理论，或称项目后改变理论。

3. 关键结果概述

横向分析的关键结果可以根据农业创新系统能力建设方法的新特点分为两组：

• 基于对创新需要哪些能力以及如何建设这些能力的经验和理解，洞察建设职能能力的实际干预措施的成功（经验）与（困难）挑战；

• 以一个新视角审视如何通过"三路径方法"，从三个战略层面即创新领域合作的微观层面、中观层面的创新支持服务提供者、宏观层面的政策制定者出发，在国家层面改变创新能力，并在农产品系统中提供可持续的影响。

基于上述结果提出了两套建议：

• 一套关于使用基于项目的方法在不同层面，即政策参与者、创新位点伙伴关系、组织，建设创新能力的建议；

• 一套针对热带农业平台以提升其共同框架有用性、可用性和适用性的建议。

4. 通过职能能力建设促进农业创新的成功与挑战

为加速创新指导创新位点伙伴关系

农业创新系统中的能力建设项目支持多样化的位点。这些位点的来源不同，包括：以农民为基础、以组织为基础、以项目或伙伴关系为基础；初心不同，包括：问题导向、解决方案导向、机遇导向；位点领导类型也不同，包括：农民组织、政府机关、非政府组织、私营企业。

尽管我们在所有 34 个位点中都进行了同样的能力建设机制的动员，但这些位点的创新过程并未达到相同的进展水平。项目结束时，一些位点的创新过程仍处于探索阶段，但其他位点已经达到了扩展与推广阶段。这些差异背后的因素包括指导过程中资源，如时间、经费、技巧的分配，及位点参与者所涵盖的创新维度，如技术、组织、机构和社会。

指导过程为每个位点参与者协作工作提供了有利环境。位点参与者在创新项目中取得了进展，并能更好地利用资源，这归功于五种在位点和国家中很常见的职能能力的建设。这五种职能能力是：参与合作活动的能力（建设其他能力的关键），制定和管理创新议程和战略的能力，提供中期结果的能力，动员新合作伙伴、根据需要扩大位点以应对创新不同维度的能力，以及创造更有利环境的能力。每种能力所产生的影响，从个体触发因素，如动机、知识、赋能，到位点社区，如共同愿景、探索、实验与学习，再到更广泛的环境，如伙伴关系和谈判能力的建设，以及农业创新系统，如游说与政策对话。位点参与者获得这些能力的速度越快，他们的位点跨越创新阶段的速度就越快。

当位点参与者面临需要进行体制改革、政策支持或某种技术支持的瓶颈时，仅靠位点指导办法是不够的。通过与其他项目的协同作用，寻求四种补充性支持：为原型设计和实验技术活动争取资金；加强位点关键组织的能力；支持创新支持服务提供者，使他们能够响应位点需求；支持政策执行者，使他们能够改善位点市场的商业与技术环境。

在没有达到创新进程高级阶段的创新位点伙伴关系中，农业创新系统中的能力建设项目导致了两种负面结果：项目受益人的失望情绪和项目成果缺乏可持续性。但是位点参与者获得了创新能力，这应该能确保即使在项目结束后，他们的行动依旧可以持续。为了证实这一点，应对后续成果和影响进行研究，比如在项目结束三年之后。

提升创新支持服务提供者以保证位点指导的持续性

创新服务支持提供者成为了介于创新位点伙伴关系和国家创新系统间的夹层。这一中间层面有助于创造有利的位点环境，并在政策对话期间倡导变革研究、推广以及教育方法。我们在每个试点国家确定和动员了不同类型的创新支持组织，从传统的研究、教育和公共部门的推广组织，到部门间的协调机构，再到专门从事创新支持的私营孵化器。

通过具有针对性的培训过程可以明确和培养创新支持服务提供者所需的三种能力：组织能力是一种以响应方式提供服务，同时与其他服务提供者建立关系网络的能力。这种组织能力建设的结果差异性很大，从几乎没有可观察到的影响到组织愿景、战略和行动的影响。这种大范围的成果出自两个主要因素。首先，项目中对组织过程的指导非常滞后，理想情况下需要有更多的时间和开展更为广泛的工作。其次，由于这一层面的能力建设并未涵盖在热带农业平台共同框架内，所以缺乏对围绕位点进行支持协调的创新服务支持提供者会成为挑战的预料。

因此，该项目的一个主要成果是项目执行者为发展创新服务支持，以及开发提供者的能力设计了新的愿景和方法，从而在地方和国家层面实现持续性加强农业创新系统。

影响创新决策过程：以证据为基础的对话

在所有八个国家中，国家层面的农业创新系统是通过国家创新政策和战略的政策对话来实现的，其目的是改善位点环境。尽管国家农业创新系统参与者在所有国家都应用了统一的能力建设机制，但在改善农业创新政策和国家农业创新系统内部实现变化这方面并未达到相同的进展水平。

进度取决于几个因素，包括已存在的创新政策、位点层面所支持的创新类型、以及农业创新系统中的能力建设项目让关键人员参与决策过程的动员力。

在大多数国家，人们认识到即使已经有创新政策，还是有必要制定有针对性的农业创新政策。有人就以农业创新的方式对更好地阐明研究、推广和教育战略与经济政策问题提出了热切关注。具体变化主要涉及农业法规，如新的种子销售令、与农民组织的协定等，但对国家创新体系本身的影响有限。与之相反的是，在一些位点环境中，可以通过挖掘技术和业务需求的形式观察到变化。

政策层面的能力建设发展进程基于两项评估。这两项评估是从国家农业创新系统和位点两个层面，以政策对话的形式进行的。评估帮助创新获益者获得依据，以便向政策制定者反馈政策层面的缺陷和短板，以及在位点层面需要何种支持以触发或加速创新。因此政策对话是一个循序渐进的过程，以积累证据为基础，让恰当的参与者逐步参与其中，并与他们一同解决农业创新政策问题。

从国家支持农业创新的维度看，位点在不同的生产环节接受的创新种类越多，政策对话对解决跨环节的问题就越有效。这些生产环节包含但不限于价值链、种植体系、农产品加工或技术相关领域；创新则包含诸如技术、组织、社会等不同形式。丰富的政策对话能解决国家层面上农业创新跨环节所产生的问题。此外，关于某些价值链的发展问题仍是讨论焦点。创新政策的存在决定了对农业创新系统的开放程度，这加快了决策者对加强国家农业创新系统所面临挑战的理解。

随着政策层面的发展，农业创新系统能力建设团队和位点合作伙伴的沟通和联系渠道越好，他们表达农业创新系统的能力就越强，决策者就越能从系统的角度参与政策对话活动。农业创新系统中的能力建设项目架构在国家农业创新系统中的嵌入程度，在某种程度上决定了系统变革的程度以及来自推广、研究、教育、生产等不同部门的多个农业创新系统参与者的参与程度。

系统层面上，八个国家发现了三种不同的能力建设模式：农业创新系统转变导向的能力建设模式、农业创新系统对标导向的能力建设模式和农业创新系统扩展导向的能力建设模式。这三种模式针对三个不同的核心问题。第一个核心问题是推广开放式创新模式以替代技术转让模式；第二个核心问题是解锁一些位点环境；第三个核心问题是动员不同类型的变革参与者，诸如国家创新促进者、创新支持服务提供者、推广及科研机构、政府高层、政策制定者、协调部门等。

5. 创新扩展新视野

改变创新能力是持续加强农业创新系统的一种方式

通过对各国项目后影响路径的比较，我们了解到三种能力建设活动触发了从成果到影响的转变，并使农业创新系统能力建设方法具有变革性：

（1）在位点层面采取有针对性的能力建设行动，旨在提高位点参与者的职能能力以及技术与企业能力；

（2）在更广泛的位点环境中开展有针对性的能力建设活动，旨在鼓励创新支持服务提供者与政府高层调整他们的行动，以解锁位点的技术与商业环境；

（3）有针对性的能力建设行动，旨在扩大农业创新系统组织和政策参与者的创新支持服务。

当这些能力建设行动成为一揽子措施共同实施时，将使农业创新系统发生系统性的转变。它们从政策层面、创新支持服务提供者层面到位点层面的协调一致，加速了位点参与者领导的创新举措的不断涌现与成功。

图0－1展示了农业创新系统能力建设项目的项目后改变理论，该理论锚定于学习与行为的改变理论。"参与轮"（动机-知识-赋权）是农业创新系统能力建设的核心，在从输出向主要影响转化的过程中发挥着关键作用。

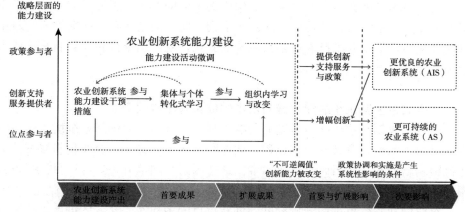

图0－1 农业创新系统中的能力建设项目所用的项目后改变理论

资料来源：众作者。

我们还对农业创新系统、农业系统和农业创新系统能力建设这三个系统间的关系变化有了新的认识。农业创新系统能力建设方法本身即一个系统，它提出了一种资源、方法和相互关联的组织体系结构，目的依然是促进农业创新系统中的能力建设和引起系统性变革。国家创新促进者之间的人际关系网、指导团队以及农业创新系统中的能力建设项目的嵌入式治理对国家农业创新系统的形成发挥了重要作用。成果和影响不仅是项目人员工作的结果，更是众多力量共同努力的结果，这些个人和组织在项目人员定制的激励措施下，主动带头进行变革、促成合作。

我们证明了农业创新系统能力建设可以在两个层面上产生影响：农业创新系统层面和农业系统层面。农业创新系统能力建设旨在建立一个高效的国家农业创新系统，但这取决于创新举措能否对种植体系和生计产生具体的、积极的影响，并使农业创新系统参与者积极参与系统变革。

在农业创新系统中的能力建设项目有限的时间内，我们无法观察到从主要影响过渡到长期、系统影响的情形；我们仅在一些国家观察到了一系列迹象。因为扩展成果的可追踪性，我们可以看到主要影响（如新的或改进的支持服务、创新改变）和扩展影响（如增加产量、收入、生产力或竞争力、商机、新的就业机会）开始浮现。

我们因此假设当位点参与者、创新支持服务提供者和政策制定者在达到一定程度的投入与产出之后，将跨越"不可逆性阈值"。这将成为他们齐心协力更进一步的新动力。当不可逆性阈值被跨越时，我们认为创新能力得到了改变，这意味着农业创新系统参与者能够设计并规划出可以让农业创新系统表现优良的行动。然而，这还需要通过更多的深度影响研究加以证实。

由国际捐助者在短期发展项目框架内提供资助的事实引发了"农业创新系统能力建设"系统可持续性的问题。考虑到一些（甚至所有）国家均未跨越不可逆性阈值，如果要维持农业创新系统的变化，就必须维持农业创新系统能力建设。

加强农业创新系统的能力导向法中的催化与阻碍因素

一些农业创新系统能力建设的受益人强调了推动农业创新系统能力建设所需的努力、困难，及其漫长的过程。通过跨国比较，确定了农业创新系统能力建设影响路径的一些阻碍与催化因素。这些因素与国情有关，与项目执行方式相关的其他因素也有关。

农业创新系统思维的开放程度、创新位点的多样性、充分的创新支持服务和创新政策加速了项目影响中的变化。这些背景因素加快了影响路径上的变化，但八个试点国家间的差异性非常大。

当在位点、创新支持服务提供者和政策制定者三个战略层面能力建设活动不能协调一致、充分执行时，就可以确定是执行方式造成了阻碍。这些阻碍因素与项目内部组织、能力建设活动和项目的外部伙伴关系方面的困难有关。

我们特别注意到，缺乏远见和目的的能力建设与"我们想创造什么变化""为了哪些参与者""如何创造这些变化"这三个战略层面之间的联系减缓了项目的实施进程，也阻断了参与者同核心参与者共同解决系统层面问题的机会。及时地设计与规划大量不同层面的能力建设活动非常困难，这种困难不仅会影响活动间的连贯性，还会导致一些参与者过早地退出活动。最后，由于与其他正在进行的项目缺乏协同作用，活动和参与者的数量或类型无法达到可以引起系统变革所需的量级。

6. 建议

如何提高农业创新系统中的能力建设项目的转化效果？

除了应建设三个战略层面的能力之外，横向分析还强调了三个可以使农业创新系统中的能力建设项目进一步转化、改善的关键策略：一个嵌入农业创新系统并且具有可参与性的项目架构，一个需求导向型的方法，以及一个多层面和过程导向型的方法。这三种策略相辅相成，它们各自无法独立发挥出相应的作用，需要将之有效结合以产生成果与影响。

关于产生成果与影响机制的研究让我们提出了这样一个问题：即便基于上述三个关键策略，仅在有限的时间内、通过传统的方式、在预设的情况下、使用框定的项目机制，农业创新系统能力建设方法是否能有效地执行？我们确定了在国家层面和全球层面的其他干预措施以支持项目的推进。这些其他干预措施主要旨在跟踪创新位点伙伴关系、发展协调创新支持服务以及支持长期决策的过程。

如何改进并扩展热带农业平台共同框架？

本书提出了一系列的建议，旨在使热带农业平台共同框架更"有用""可用""适用"。

农业创新系统中的能力建设项目伊始制定的热带农业平台共同框架并未对框架中使用的概念和实践指南做明确定位及说明，特别是在偏向管理的角度，如我们要创造什么变化、为哪些参与者以及如何改变。一方面，创新促进者、农业创新系统和位点等概念仍过于理论化，如果没有强有力的指导，就不能用于能力建设干预。另一方面，横向分析的实证结果对于热带农业平台共同框架建立的一些理论提出了质疑。

由此，我们为实现以下目标提出了以下建议：①将概念实践化；②使用改变理论、成人学习理论（以行求知），以及行为变化理论（知识-态度-实践）来构建热带农业平台共同框架；③通过三重路径法，在三个战略层面（创新位点伙伴关系、创新支持服务提供者、政策制定者）列出能力建设行动针对的目标能力；④开发一个监测-评估-学习（MEL）系统取代传统的监测与评估。

最后，我们提出了一份行动和干预措施清单，以使热带农业平台共同框架能够更加适用于热带农业平台成员国，并增加其利用率。清单主要涉及三个方面：①与创新支持领域的专业人员共同开发手册；②培训研究人员和推广人员，让他们体会多主体、需求主导型的创新过程；③为农业创新系统能力建设动员国际专家和研究人员关系网，作为对负责加强本国农业创新系统国别组的基础支持。

目 录
CONTENTS

第一部分　引言与方法论

第二部分　影响路径

第三部分　升级热带农业平台共同框架的建议

第一部分
引言与方法论

第一部分基于实际评价方法提出了农业创新系统中能力建设横向分析所要解决的问题、结果与分析框架。

1 引　言

1.1　目的

本书专为对农业创新系统中的能力建设（CDAIS）方案感兴趣的人士所编。该方案由热带农业平台共同框架（TAP CF）所推动。

本书基于对 2015—2019 年在八个试点国家实施的农业创新系统中的能力建设项目成果回顾与比较，对热带农业平台共同框架的实用性和可用性提出了见解。

基于跨国审查与比较，本书提出了关于升级热带农业共同框架并通过能力建设法，设计干预措施和未来投资以加强农业创新体系的建议。

1.2　热带农业平台共同框架

农业创新系统能力建设过程中，热带农业平台共同框架作为该项目的组成部分，为促进农业创新系统思维、协作学习以及热带国家农业创新能力和农业创新系统的发展提供了概念与指导。

农业创新系统的概念和方法详细内容可参见《农业创新系统能力发展共同框架 | 概念背景文件》（TAP，2016）。

为了响应不同参与者所处的复杂环境，本书提供了一种综合性的方法。从农业创新系统的角度出发，不仅需要技术能力，不同层次的参与者和机构的"职能能力"也非常重要。这些职能能力在热带农业平台共同框架中被定义为参与者促进、反思与学习、管理知识资源、驾驭复杂性以及参与战略和政治活动进程的能力。为具备创新潜能，上述四项能力是综合应对能力的核心构成。以此来看，农业创新系统参与者的关注重点可以从针对问题的解决方案转至共创未来。促进式的领导是实现上述目标的必要条件。热带农业平台共同框架提倡通过建设职能能力来达到创新目的方案需要基于一套综合的干预措施，实现这些干预措施需要基于以下原则：

（1）利用位点层面和系统层面的双重干预，实现多层面行动的协同效应；

（2）在三个"能力维度"展开行动，如个人、组织和有利环境；

（3）在个人、组织和有利环境三个层面建设能力的五环节周期：心动的承诺、构建愿景、能力需求评估、能力建设策略开发与行动计划、落实实施；

（4）国家创新促进者（NIFs）领导下的持续性助长可以促进系统内各参与者之间的互动，并通过信任构建、冲突管理、资源整合等措施加强能力建设；

（5）为了追溯与评估能力建设干预措施的有效性，需要形成估量与评价程序来对整个过程进行反思、学习和记录。

1.3 横向分析与学习的必要性

因为干预的基本原理是基于有关"为什么"和"如何"建设职能能力的若干假设，所以农业创新系统的能力建设是一项"试点实验"。

这些假设如表1-1所示，它为热带农业平台共同框架的理论依据提供了若干见解。

表1-1 热带农业平台共同框架的理论背景

	待解决问题领域	干预措施	理论背景
系统问题	由于缺乏效率、应答能力和效力，农业创新系统不能完全发挥作用	通过创新促进者建设职能能力、丰富代理活动 制定创新政策并支持政策制定过程	创新能力（Hall et al.，2009） 农业创新系统的经纪人（Klerkx and Leuwis，2009） 以证据为基础的政策制定（Woolthuis et al.，2005；Lamprinopoulou et al.，2014；Paschke et al.，2019）
国家层面的治理问题	外部干预措施治理不力，由于缺乏国家/国际级的协调机制，与其他干预措施和国家/国际政策没有充分协调	加强或建立基于国家和地方的倡导、对话和行动创新机制	为系统性和变革性变革制定创新政策（Weber and Rohracher，2012；Wieczorek and Hekkert，2012；Smits and Kuhlmann，2004） 战略网络管理（Heemskerk W. et al.，2011；Cap et al.，2019）

（续）

待解决问题领域		干预措施	理论背景
地方性创新支持问题	当前的创新并不能真正解决农民的问题	支持创新领域内的联合创新	开放式创新（Chesbrough et al.，2006；Gassmann，2006；Laperche et al.，2008） 创新支持服务（Toillier et al.，2018）
	由于对需求的分析不足，目前的举措与能力开发需求不匹配	开展多利益相关方的能力开发需求参与性评估	战略细分管理（Elzen et al.，1996；Kemp et al.，1998；Schot and Geels，2008）
	目前的措施影响不大，因为干预措施实施规模小、范围窄，主要侧重于个人培训，缺乏有意义的协调	发展多层次方法（双路径方法）	多层次视角下的转型管理（Geels，2002；Grin，2008）
		发展五阶段能力开发法（迭代学习循环）	学习过程监督（Grin and Van de Graaf，1996）

资料来源：众作者。

热带农业平台共同框架建立在大量文献的基础上，结合了农业创新系统思维、能力建设和创新管理的各种概念，从而为关于如何开发有利于发展农业创新系统能力的"改变理论"[①] 提供了一个粗略的大纲。为此，该大纲被用于设计农业创新系统中的能力建设项目的流程框架（或称"日志框架"）。

热带农业平台共同框架以农业创新系统能力建设项目为契机，首次在八个国家试行。由于没有前车之鉴，所以必须采用热带农业平台共同框架中开发的概念，如创新位点、农业创新系统、创新促进者，以及改变理论中的过程概念，如双路径或农业创新周期的五个发展阶段。八个国家和多学科执行小组根据各自的理解和需求进行转化与实施。

为了尽可能支持与协调各方进行操作，农业机械化工作组[②]根据农业机械化工作组成员的专业知识及一些国家的初步测试和验证过程，制定了共同的实用指南。国家小组在共同设计这些准则方面发挥了重要作用，欧洲农业知识发展联盟任务组（ATT）在大多数的项目设计阶段协同国家小组进行了能力建

---

① 改变理论描述了个人、群体或社区发生变革的过程。该理论用于开发行动的干预，通常被发展为一种逻辑框架。该框架阐述了交付机制，例如通过阐述参与者类型（如非政府组织、政府或市场）和应遵循的流程（如由挑战基金支付给非政府组织的捐款、提供技术援助、倡导活动、促进或建立伙伴关系）。可以通过不同的行动理论，将相同的变革理论付诸实践。

② 农业机械化工作组：欧洲农业知识发展联盟（Agrinatura）实施团队来自隶属 Agrinatura 关系网的 5 个不同的欧洲研究与发展机构，即法国农业发展研究中心（CIRAD）、英国国家资源研究所（NRI）、荷兰 ICRA 基金（ICRA）、葡萄牙高等农学研究所（ISA）和意大利发展合作署（AICS）。

设干涉的设计工作。这一操作过程尽可能调动了这两个小组的知识和经验。然而，在项目执行过程中，每个国家不可避免地出现了各种不同的实践方法，这为我们提供了如何在实践中发挥作用以及获得实践成果的经验与教训。

横向分析和学习回顾旨在"验证"热带农业平台共同框架，目的是验证支撑整个框架的假设，也一并验证八个相关国家与热带农业平台共同框架运作模式有关的变化发生过程。换句话说，我们试图了解这个项目如何产生结果，并且这些结果在每个国家具体是什么。

在项目实施过程中，每个国家变革的故事被收集起来（Pasiecznik，2018），以展示获益者认识到农业创新系统中的能力建设活动在其创新能力和更广泛的国家创新系统领域发生的重要变化。这些故事描绘了农业创新系统参与者从农业创新系统中的能力建设中学到了多少、他们从中得到的预期和意料之外的结果，或为他们提供了怎样的创新机遇。这些证据表明，农业创新系统中的能力建设可能属于"变革性项目"。变革性项目的定义是支持深层次、系统性和可持续变化，并可能在诸如农业创新等关键领域产生大规模影响。但是，农业创新系统中的能力建设项目所做出的贡献还有待验证，因为农业创新系统的参与者往往得益于若干并行举措。此外，也需查明这些变化方式和面临的困难，因为农业创新系统中的能力建设项目的源理论运用于不同国家的实践方式各不相同，其差异性产生的原因是各国基于本国的环境与困难施而为之，而不是由于源理论本身存在差异。

1.4　横向问题分析

根据观察，横向分析的目的是根据对每个国家的结果进行比较分析，回答两个一般问题：

（1）是什么使农业创新系统能力建设法在不同的环境中具有（或不具有）变革性？

（2）在八个试点国家中，热带农业平台共同框架对合作伙伴到底多有用、是否有用、如何用？

我们在每个一般性问题下确定了具体的特殊性问题：

（1）是什么使农业创新系统能力建设法在不同的环境中具有（或不具有）变革性？

①农业创新系统中的能力建设项目在多大程度上有助于在位点层面和系统层面提高涉众的职能能力？

②这些能力的提高在多大程度上有助于"释放创新潜力"？

③不同国家的结果不同，可能的解释因素是什么？

④这些结果在多大程度上导致不可逆的、深刻的、系统性的和可持续性的变化，并且对农业创新产业产生大规模影响？

（2）热带农业平台共同框架到底是否有用、是否能用、如何用？（图1-1）

①热带农业平台共同框架给参与者们带来了什么新的视角？（是否有用？）

②热带农业平台共同框架的成功运作需要什么样的指导？（是否能用？）

③哪些"客户"对热带农业平台共同框架感兴趣，谁会使用该框架？（如何用？）

是否有用？	使用热带农业平台共同框架在多大程度上实现农业创新系统开发能力的目标？ ·比较客观结果和预期结果 ·总结热带农业平台共同框架的组件（概念、活动和工具）在不同环境中的贡献 ·确定并分析每个热带农业平台共同框架组件的局限性和缺陷
是否能用？	热带农业平台共同框架组件描述至何种程度才足以设计相关、可行的田野干预措施？能力开发的实践者理解程度如何？ ·描述实施热带农业平台共同框架中遇到的所有困难，以及为了使其能够在每个国家实行的改进内容
如何用？	热带农业平台共同框架组件（概念、活动或工具）多大程度上适用于能力建设的实践者（如开发机构、政客、技术人员等）？ ·确定并描述应用热带农业平台共同框架的概念、工具和方法的过程，以及多样性的环境

图1-1　指导热带农业平台共同框架学习回顾的问题

2 横向分析与学习过程

本书主要面向希望借鉴农业创新系统中的能力建设项目实践经验，以及意在参考热带农业平台共同框架以设计农业创新系统干预措施的读者。为此，横向分析是反思工作质量的重要方法。横向分析不是传统的评估，但它确是用评估思维来支持数据的收集和比较。2019 年由图利耶（Toillier）等人在农业创新系统中的能力建设项目期间开发的 MEL 系统①既是该项目的成果，又是分析项目在位点层面和农业创新系统层面能力建设成效的工具。

2.1　比较环境-机制-成果

我们使用的框架是基于现实主义的评价观点。

现实主义评价是由波森（Pawson）和蒂利（Tilley）在 20 世纪 90 年代提出的，旨在解决刑事司法干预中"什么对谁、在什么情况下如何起作用？"的问题。他们的主要发现是项目在不同环境下通过不同的变化机制会发挥不同的作用。因此项目不能简单地从一个环境复制到另一个环境，并期望自然而然地获得相同的结果。然而基于理论的关于"什么对谁有效，在什么环境下如何有效"的理解是可以迁移的。从该视角出发，在现实评价的框架基础上已发展出以理论为驱动、定性与混合法联用的测评开发计划。

现实主义评价从理论中来，到理论中去。换句话说，现实主义评价的目的既是为了检验和完善理论方案，也是为了确定方案能否在特定环境下有效，以及如何生效。现实主义评价通过参与者在特定条件下以及包含干预本身的外部事件影响下采取行动以解释干预所带来的变化。行动中是否改变实际环境不影响对变化的最终解释。参与者和干预措施处于某种社会环境中，这种实际环境会影响干预措施的实施和参与者对干预措施的反应或忽视。

---

① MEL 系统：Monitoring，Evaluation and Learning system。

现实主义评价和随机对照或准实验设计相同，比较的是"环境-机制-结果"在项目中的配置，而不是比较参与者和未参与者的变化。例如，它可能会问一个项目在不同的机制、地点、人群中的运行状况，如男性、女性或社会经济地位不同的群体。如果运行状况更好或更差，那么运行过程和导致这种结果的原因分别是什么。

因此现实主义评价的任务之一是通过对项目如何运作以及为谁"运作"进行明确假设，使项目所用理论更为清晰。然后再通过实施和评估项目来验证这些假设。这就意味着所收集数据不仅要囊括影响项目以及项目执行过程的数据，还要收集可能影响项目结果的背景数据和可能引起变化的特定机制的数据。

2.2 发展指导性问题的三个步骤

开发横向分析的具体指导问题需要遵循三个步骤：
- 开发一个初步的项目改变理论；
- 在国家层面取得成果；
- 在拟探索项目背景下，筛选可能对项目结果产生影响的方面以及引发变化的特定机制。

2.2.1 农业创新系统中的能力建设项目的项目前改变理论

按照现实主义的评估框架，我们开发了一个初步的项目前改变理论。一张影响路径图（图 2-1）可以详细描绘产出、成果及影响三者间的关系。产出被定义为活动的直接、有形的结果；成果则是利用产出产生的有关意识的变化、对技能或结果的理解，以及为达成项目战略目标产生的长期变化。

成果分为两种：首要成果和扩展成果。

首要成果是项目直接"受益者"的行为、态度、时间或思维方式的改变。首要成果是专款和在项目中应用能力建设活动的产出共同的结果。

扩展成果是在农业创新系统的功能方面可以观察到的变化，这些变化使农业创新系统更有效力、更高效、更具响应能力与可持续性。这些成果源于个人和组织的创新能力，并对应系统层面的总体创新能力。扩展成果增加了产生影响的可能性，或加快了影响的发生。

因此，农业创新系统中的能力建设项目只能影响成果或促进成果，实施组织无法完全掌控成果。

影响指农民生计、环境状况和农村贫困人口状况因推广或采用该创新而产生的长期、可持续的变化。由于时间跨度较长，各种背景因素的影响越来越

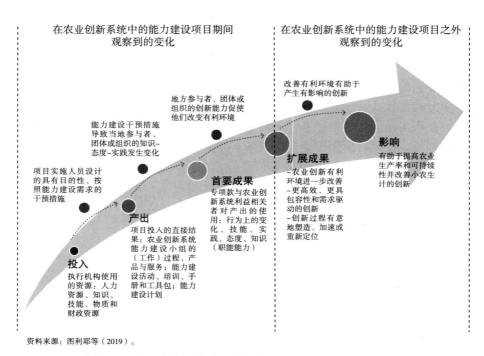

在农业创新系统中的能力建设项目期间观察到的变化

在农业创新系统中的能力建设项目之外观察到的变化

改善有利环境有助于产生有影响的创新

地方参与者、团体或组织的创新能力促使他们改变有利环境

能力建设干预措施导致当地参与者、团体或组织的知识-态度-实践发生变化

影响
有助于提高农业生产率和可持续性并改善小农生计的创新

扩展成果
- 农业创新有利环境进一步改善
- 更高效、更具包容性和需求驱动的创新
- 创新过程有意地塑造、加速或重新定位

项目实施人员设计的具有目的性、按照能力建设需求的干预措施

首要成果
专项款与农业创新系统利益相关者对产出的使用：行为上的变化、技能、实践、态度、知识（职能能力）

产出
项目投入的直接结果：农业创新系统能力建设小组的（工作）过程、产品与服务；能力建设活动、培训、手册和工具包；能力建设计划

投入
执行机构使用的资源：人力资源、知识、技能、物质和财政资源

资料来源：图利耶等（2019）。

图 2-1　农业创新系统中的能力建设项目的项目前影响路径

大，职能能力建设干预仅能（部分或间接地）对这些社会或环境的持久性结果发挥作用。

项目前影响路径说明了热带农业平台共同框架的核心假设：职能能力有助于改变农业创新系统的操作方式，使其更倾向于需求驱动的开放创新过程，从而有助于提高农业系统的生产力和可持续性，并改善小农的生计。它将开发重点从带来"状态的变化"转至不同项目之间的结合，这种结合可以产生"行为、关系、活动或行动"的变化。

2.2.2　收获成果

（1）进展标示

项目期间，国家团队使用 MEL 系统[①]开发的工具取得了成果，即"指导计划"。该计划整合了一份进展标示列表，这些标示抓住了位点参与者在职能

[①]　建立监测-评估-学习系统的目的是通过持续的学习和评价过程支持能力建设进程，从而能根据具体需求调整能力建设的干预措施，进而有利于产生更大的影响。此外，MEL 系统可用于向资助实体提供项目所产生效果的记录证据、项目的实施方式以及从结果中获得的经验和教训。详见：https：//cdais. net/wp - content/uploads/2019/08/CDAIS - M6 - MEL - Monitoring - Evaluation - and - Learning. pdf。

和技术方面的预期和已完成的变化。进展标示是行为、关系、活动或行动变化的指示器。

项目伊始时通过参与规则对这些标示进行识别，并在创新推动者的帮助下，在整个项目跨度内对这些标示进行评估、完善和调整。最终的进展标示列表展现了个体和位点层面的能力建设状况。

（2）讲故事

讲故事是一种经常用于理解创新过程或捕捉创新特征的技术（Temple et al.，2018）。农业创新系统能力建设的讲故事工作是通过国家团队的采访和书面贡献发展而来，这些工作随后结集成册，出版为《变革的故事》和《变革的对话》两本图书。[①] 这些访谈记录了参与者对发生的变化及其在位点层面和系统层面后续影响的看法和解释。

2.2.3　选择特定的能力建设机制并确定进一步探索的项目环境

（1）特定的能力建设机制

根据项目实施期间的回顾和 MEL 的初步结果，我们选择了两种导致位点层面和系统层面发生重大变化的能力建设机制进行了更深入的横向分析：位点层面的指导过程和系统层面的政策对话过程。我们假设在指导过程中，快速生成的结果可能或多或少取决于学习周期，这就能够解释在位点层面上的成果差异性。

至于政策对话，则或多或少的在程序性、参与性或包容性方面采用了不同的方法，这也许可以解释各国间的差异。某些情况下，政策对话建立在位点创新的成果之上，因而提供了基于证据的建议（例如布基纳法索）。在其他情况下，政策对话是在位点层面关于能力建设的最终会谈前进行的，这样就在起草新的农业创新政策时更强调政策认识而不是政策支持（例如卢旺达）。最后，在某些情况下，政策对话被嵌入到会谈的位点战略中（例如埃塞俄比亚）。根据不同的采用方法，最终的成果只能在位点、系统或政策中的某些层面被观察到。

（2）特定国家环境

报告将三个可能影响变化的具体国家环境挑选出来以便比较各国的环境-机制-成果：农业创新系统成熟度、位点特征以及国家团队的热带农业平台共同框架使用情况。

---

① 出版物详见：https：//cdais.net/wp-content/uploads/2019/08/CDAIS-SoC-Stories-of-change.pdf 和 https：//cdais.net/wp-content/uploads/2019/08/CDAIS-CoC-Conversations-of-change.pdf。

• 国家的农业创新系统成熟度

农业创新系统成熟度的评估要素包含：执行者、系统数量、系统间互联程度、已存在的创新政策以及农业部门开放、协作和需求导向创新的定位。

我们假设一些国家的农业创新系统可能比其他国家更发达、更高效，这就意味着这些国家的农业创新系统执行者之间有着更高效的关系。在卢旺达，私营部门与农民和研究界有着密切的联系，从而可能促进新位点层面伙伴关系的出现。在危地马拉和洪都拉斯，公认的政府支持的"价值链"（或价值链平台）为农业创新系统思维提供了有利环境。相比之下，在老挝还没有任何制度平台或机制来加强农民与其他价值链参与者之间的联系，这使得建立农业创新系统的方法更加困难。此外，在一些国家，如布基纳法索，已经制定了农业新政，这可能有助于动员决策者将注意力转向农业创新系统能力建设的活动。

• 位点特征

位点的特点取决于所促进的创新类型、所动员的参与者类型以及位点参与者所陈述的能力需求。假设在为期4年的项目内出现的问题具有一定的复杂性，那么用有限的资金是可以解决其中的部分问题的。

• 热带农业平台共同框架使用情况

国家项目执行小组对热带农业平台共同框架的理解可能有所不同，因为这种方法非常新颖，且不同于典型的发展项目，所以这可能会阻碍项目的实施。表2-1总结了影响项目结果的可能因素以及我们在横向分析中进一步探讨的因素。

表 2 - 1　国家层面可能影响项目成果的假设因素

可能影响国家层面成果的环境特征	可能对执行产生的影响	可能对成果产生的影响	
关键能力建设（CD）机制	指导的位点特征和目的	位点数量多寡、跨国高效指导	交付成果的速率
	政策参与者的期望和政策对话的目的（提高认识或支持政策制定过程）	或多或少以证据为基础、以改变为导向的政策对话进程	在政策、制度或位点层面上可能产生的不同等级成果
国家背景环境关键面	国家农业创新系统成熟度（国家层级农业创新系统的理解、制度化和可操作水平）	支持联合创新的过程相对容易，在不同农业创新系统之间搭建桥梁，并动员决策者或多或少减缓项目的实施	相对容易实现国家农业创新系统的系统性转型

2.3 数据采集与分析

2.3.1 数据采集

大部分数据是在项目期间通过监测-评估-学习（MEL）系统收集的。在项目执行的最后一年，通过向别国工作组发出特定调查问卷以采集关于执行实情、热带农业平台共同框架拨款在内的额外数据。

为了在衡量项目成果时可参照时间点，我们提出了不同的时间点建议，以便在八个国家内制定一个初步协调的 MEL 数据收集时间表（图 2-2）：

- t_0 对应能力需求评估的结束阶段，在开展能力建设活动和引入辅导计划之前；
- t_1 相当于第一个学习周期结束，在开展第一次能力开发活动后的 5～6 个月；
- t_2 对应第二个学习周期的结束，在 t_1 之后的 5～6 个月；
- t_3 能力开发活动的末尾，在项目结束之前。

数据收集所采用的工具见附录 1。

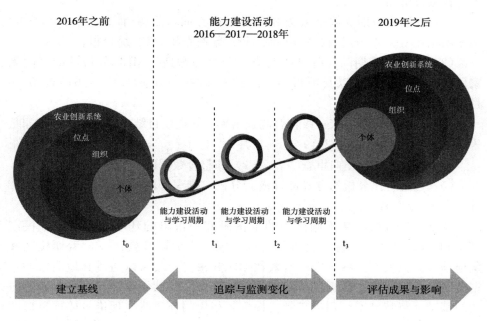

资料来源：图利耶等（2019）。

图 2-2 农业创新系统中的能力建设项目中的监测-评估-学习数据采集次数

2.3.2 横向分析的数据来源

不同类型的数据来源如表 2-2 所示：

• MEL 数据库（有进展标记的指导计划）、产品（位点和系统层面的影响路径）和报告（t_0 阶段的能力需求评估、范围研究；再现性与重复性研讨会；t_3 报告）；

• 能力建设报告（CNA 报告）；

• 最终国别报告；

• 研讨会报告；

• 书面形式的变革故事；

• 调查问卷（"实施情况"问卷；热带农业平台共同框架可用性问卷）。

需要特别说明的是每个国家的文件数量不同是因为部分报告或产品合并为一份报告。

2.3.3 数据分析

数据分析如下：

（1）在国家级别的数据采集和后台分析方面，监测-评估-学习（MEL）国家团队在 t_1、t_2、t_3 阶段主导编制 MEL 数据库和 MEL 综合报告；

（2）在研讨会期间与外部参与者"分享与塑造"MEL 分析：最终的国家研讨会（t_3 阶段）以及项目结束时的 Gembloux 国际会议（2019 年 5—6 月）；

（3）国家团队在国家一级整合调查结果，并在项目结束时撰写最终国家报告和 MEL t_3 最终报告（2019 年 6—7 月）；

（4）国别文件的横向审查（表 2-2）和整合数据库（2019 年 9—12 月）；

（5）通过对比分析的方式进行横向分析，撰写横向分析报告（2019 年 12 月至 2020 年 2 月）。

本书比较分析了从不同国家的案例研究中得出的环境-机制-成果模型（Eisenhardt，1991）。首先分析了一些国家，诸如埃塞俄比亚、孟加拉国和危地马拉。只要有这些国家的有效数据源或报告，就可以通过其他国家的数据和经验教训对这些数据进行检查和完善。合并共性规律，并在个案研究方法的基础上将特殊案例用以扩展、提炼新衍生的项目改变理论（或项目后改变理论）。

表 2-2　横向学习与分析用数据源与有效文档列表

范围	数据源类型：监测-评估-学习 t_3 报告与影响	可用文档总数	老挝(LA)	孟加拉国(BD)	埃塞俄比亚(ET)	卢旺达(RW)	安哥拉(AO)	布基纳法索(BF)	洪都拉斯(HN)	危地马拉(GT)
成果收获										
位点层面产出	位点指导计划（Excel 文档）	35	6	3	5	4	3	6	4	4
	再现性与重复性研讨会报告	21	3	3	6	0	0	3	0	6
	位点影响路径	22	3	3	5	2	2	3	1	4
	监测-评估-学习 t_3 位点报告	24	3	3	1	3	3	3	4	4
	国家创新促进者技能问卷与报告	6	1	1	0	1	1	1	1	0
	变化故事章节	24	3	3	3	3	3	3	3	3
	最终国别报告	8	1	1	1	1	1	1	1	1
	监测-评估-学习 t_3 报告与影响路径	8	1	1	1	1	1	1	1	1
	变化对话章节	8	1	1	1	1	1	1	1	1
变化的关键机制评估										
指导过程	国家团队问卷	11	1	2	6	1	0	1	0	0
政策对话	监测-评估-学习问卷＋综合报告	1								
项目环境特定面评估										
农业创新系统成熟度	范围研究报告	8	1	1	1	1	1	1	1	1
位点类型	能力需求评估（CNA）报告	18	4	5	1	1	4	1	1	1

（续）

范围	数据源类型：监测-评估-学习 t_3 报告与影响	可用文档总数	老挝(LA)	孟加拉国(BD)	埃塞俄比亚(ET)	卢旺达(RW)	安哥拉(AO)	布基纳法索(BF)	洪都拉斯(HN)	危地马拉(GT)
项目环境特定面评估										
热带农业平台共同框架可用度	国家团队问卷	17	1	3	4	2	2	1	2	2
文档总数		211								

2.4 结果

研究结果分为两部分，即第二部分与第三部分。读者不需从头至尾阅读，可以直接跳转至特定的部分。这两部分的结构如下：

第二部分介绍了在每个国家位点层面和系统层面项目的影响路径。我们对不同位点和国家的能力建设机制、成果与影响以及创新农业系统能力建设的贡献进行了审查。通过比较环境-机制-成果所得的见解，有助于确定一些阻碍或促进能力建设和不同环境下强化农业创新系统的因素。最后则总结了实现农业创新系统变革的"最佳途径"。

第三部分列出了提高热带农业平台共同框架的有用性、可用性和适用性的建议。调查结果是依据第二部分提出的结论和国家团队返回的特定问卷结果提出的。该结果汇集了关于热带农业平台共同框架的理解和运作方式方面的经验教训、在实施过程中面临的陷阱，以及农业创新系统能力建设实施者和合作伙伴从这一过程中获得的实际知识，并提出了一套关于热带农业平台共同框架所有关键维度的建议。

希望第三部分的建议将指导热带农业平台合作伙伴进行修订热带农业平台共同框架的过程。

第二部分
影响路径

　　第二部分介绍了在位点层面和系统层面的农业创新系统能力建设项目的影响路径。该部分对各国的能力建设机制、成果和影响以及农业创新系统能力建设项目的贡献进行了审查。该部分也通过比较环境-机制-成果获得的见解，识别在不同环境下阻碍或促进创新能力建设和强化农业创新系统的因素。最后总结了在国家农业创新体系中实现变革的"最佳途径"。

3 位点的影响路径

3.1 位点是具有持续发展创新议程的临时社区

根据该项目的指导，在国家层面确定了"创新位点"。需求驱动的创新和多方利益相关者的参与是推动位点选择的两个重要标准。因此每个位点都是至少两种不同类型的参与者（农民、生产者组织、非政府组织、私人企业、政府组织）的集群。位点在高级阶段或多或少地推动创新。所有关于"创新位点伙伴"的描述详见附录2。

我们选择了了不同类型的创新，包括技术、组织或社会维度（表3-1）。然而在大多数情况下，即使最初的重点是发展一些新技术或新产品（例如老挝的养猪案例或孟加拉国的芒果生产案例），当出现可持续和竞争力问题时，新的组织和体制需求就应运而生了。大多数创新都是系统性的，这意味着参与者试图同时改变或改进农业系统的若干相互关联的技术、组织、体制和社会维度。从这个角度看，许多位点在价值链层面、区域层面或部门层面发挥作用。

因此，随着位点参与者处理创新发展的不同方面，位点参与者社区在保持"位点领导者"或"位点主位"（详见图3-1中的例子）的同时，不断全面演化农业创新系统能力建设项目中的内涵与目的。这个位点领导者或主导者通常是最初推动创新的组织，它在整个过程中起到了协调的作用，并且是成果的主要受益者。位点领导者或主导者所处的位置最适合执行位点行动计划。

表 3-1　各国农业创新系统能力建设位点描绘

国家	位点	源于位点			位点的最初目的		
		基于农民	基于组织	基于项目	聚焦解决	聚焦问题	聚焦机会
孟加拉国（BD）	鱼						
	芒果						
	菠萝						
老挝（LA）	水生动物蛋白						
	牛						
	通芒地区和非有机作物						
	猪						
	优质大米						
埃塞俄比亚（ET）	牛奶需求刺激						
	啤酒大麦						
	社区种子						
	饲料安全						
	鹰嘴豆						
卢旺达（RW）	木薯						
	牛奶						
	集水区						
安哥拉（AO）	大米发展						
	种子合作						
	农村创业						
布基纳法索（BF）	地方宪章						
	新型信息通信技术扩展						
	滴灌系统						
	微型企业						
	参与式保障体系						
	葵花籽油						
危地马拉（GT）	鳄梨						
	豆类						
	可可						
	蜂蜜						
洪都拉斯（HN）	马铃薯						
	咖啡						
	豆类						
	可可						
每种类型的位点占比		41%	41%	18%	36%	28%	36%

位点参与者关系本质				创新维度			
基于价值链	基于属地	基于支持服务	基于技术部门	技术的	组织的	机构的	社会的
70%	33%	48%	30%	82%	70%	33%	12%

资料来源：众作者。

21

少数情况下，位点成员在项目期间发生了变化。例如在埃塞俄比亚的"牛奶需求刺激"领域，伙伴关系组织的代表随着挑战和时间的演变产生变化①，这使得从个体参与者的能力建设相关成果中汲取经验教训变得非常困难。

此外，依据农业创新系统能力建设项目干预时间和持续时长，作为创新议程的一部分，位点创新不同程度地包含了促进创新的技术、组织、制度和社会维度等诸多方面（详见表3-2中的例子）。

在项目初年至2018年编制最终评估报告之间，位点目的的定义和指导计划的细化反映了位点的演变过程。位点参与者理解的创新不是个体参与者的职能，也不是农业系统单方面，而是在复杂的社会经济背景下多个参与者和维度的互补。这既是项目的关键成果之一，也是项目的关键驱动力。这种驱动力阐明了位点演变的关键驱动因素。

表3-2　各位点的创新议程样例（解决方案向、问题向和机遇向）

集群的原始目的	位点/国家	创新议程	位点领导者或主导者
解决方案向			
新政策框架	饲料安全/埃塞俄比亚	在国内为牲畜饲料、疫苗、药品等牲畜投入部门的风险评估、管理、沟通制定法律框架	兽药与饲料管理和控制独立工作组的监管机构
新政策工具	当地土地租约/布基纳法索	向各市分发新的土地管理文书（地方土地宪章），以减少地区一级农民和育种者之间的冲突	政府机构（布基纳法索土地、培训与农村组织总局）和独立的民间社会观察员协会（土地研究行动组）
新型服务	新型信息通信技术推广服务/布基纳法索	采用数字工具使推广服务更有效	管理网络（Réseau Gestion：由七个农民组织形成的集团）
系统解决方案	牛奶需求刺激/埃塞俄比亚	通过媒体推广巴氏杀菌牛奶，政策框架朝着有利于巴氏杀菌牛奶推广的方向发展，并促进学校提供牛奶，以此为该行业开辟一个新的市场位点，启动原料奶供应链，改善营养不良学童的表现	私营机构和政府机构：埃塞俄比亚牛奶加工商协会（EMPIA）和亚的斯亚贝巴教育局

———————————

①　最终的国家级研讨会确定了26个不同的参与者群体，这些群体对实现群体目标的必要决策至关重要，这也说明了这类群体创新过程的复杂性。

（续）

集群的原始目的	位点/国家	创新议程	位点领导者或主导者
解决方案向			
新技术	芒果套袋/孟加拉国	水果套袋技术的应用，旨在减少生产经济作物所需的农药量	农民组织
问题向：诊断问题并找到新的可行方案进行测试			
产量	鹰嘴豆/埃塞俄比亚	推广农民集群方法、农业企业技能，与研究机构建立合作伙伴关系，获取种子，提高鹰嘴豆产量	农民组织
产品质量	鱼类质量/孟加拉国	通过改进技术、培训的方式生产优质种子、养殖鱼类，水产养殖得到可持续发展，并在迈门辛（Mymensingh）的特里沙尔（Trishal）适当加工、增值、分销，确保当地和出口市场	农民组织
机遇向：抓住商机，提高竞争力和可持续发展能力			
新的营销和分销渠道	鳄梨营销/危地马拉	建立一个由七个城市的生产者组成的协会网络，以建立新的营销和分销渠道	农民组织
新型加工设备	妇女领导的微型企业/布基纳法索	与提供者（种粮农民和包装销售商）约定，投资新的加工机器、购买更高质量的投入品，改善食品转化过程	布基纳法索的谷物加工者网（RTCF）

资料来源：众作者。

3.2 位点创新成果与农业创新系统能力建设的贡献

3.2.1 位点多样性

（1）位点分类标准

考虑到位点的发展程度，能力建设的类型与层级需要在 t_0 阶段进行确认。能力需求评估（CNA）研讨会证实了这种做法不会对位点创新成果和影响途径产生歧视性因素。项目伊始，跨位点的能力建设需求非常相似，均是在热带農業平台共同框架中所述的4＋1職能能力的範圍之內。跨位點中這些能力建設包括：位點參與者更好地影響決策者的需求、解決對現有政策認識有限的問題的需求、建立網絡和發展夥伴關係的獎勵有限的問題、缺乏共同學習和實驗能力、信息集成與分享能力弱、對創新過程的認識有限、政策制定對創新的限制、在某些專題和組織問題上缺乏技術知識、領導技巧有限，以及多進程和多利益者的管理問題。

位點的構成方面，其參與者作為一個群體聚集在一起的最初目的，以及他們創新議程的性質，似乎是塑造環境-機制-成果模式最具決定性的因素。因此我們選擇了三個標準來描述位點的初始狀態，以便理解在項目期間發展而來的能力建設策略（圖3-1）。這些標準是：位點的起源（基於農民、基於組織、基於項目或夥伴關係）、位點的初心（聚焦問題、聚焦解決方案、聚焦機遇），以及位點的領導類型（農民組織、政府機關、非政府組織、私人企業）。

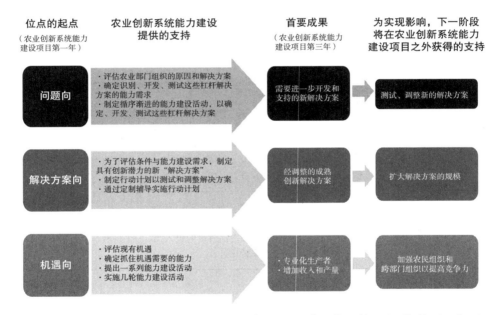

图 3-1　位点类型、农业创新系统能力建设对主要作用的贡献以及预期的下一步
资料来源：众作者。

在項目最後階段描述位點的標準是：整個項目所追求或制定的新議程；受認可的新維度（技術、組織、制度、社會）；位點參與者間的主導關係（基於價值鏈、基於屬地、基於技術部門、基於支持服務、基於人際）。

對於我們所提出的與所動員的協作資源有關的"關係"，表3-3有更進一步的解釋。

根据标准：位点的起源、位点的初心、位点参与者本质关系、创新的维度，绘制出了八个国家创新位点伙伴关系的多样性。

表3-3　位点参与者本质关系

关系的性质	协作资源
基于价值链	基于业务关系，与其他参与者合作协调的位点参与者 如：食品加工企业与消费者
基于属地	基于地域关系，与其他参与者合作协调的位点参与者 如：某一个地区的农民和饲养者
基于技术部门	基于技术关系，与其他参与者合作协调的位点参与者 如：种子行业、数字技术行业或灌溉系统行业的用户和技术开发人员
基于支持服务	基于服务提供者或服务需求者关系，与其他参与者合作协调的位点参与者 如：农民和推广人员
基于人际	基于人际关系，与其他参与者合作协调的位点参与者 如：农民之间的家庭关系

资料来源：众作者，改编自 Ferru 等，2011。

（2）每种类型的位点图

将近一半（41％）的位点是围绕农民或生产者组织展开的。其他项目通常由研究和开发组织（41％）或项目环境（18％）发起（图3-2）。

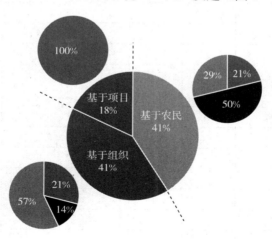

■ 聚焦问题　■ 聚焦解决方案　■ 聚焦机遇

图3-2　位点的起源及初心

资料来源：众作者。

36％的位点市场是由发展商业活动和增加收入的机会驱动的。另有36％的位点是聚焦解决方案的，28％的位点是聚焦问题的（表3－3）。

大多数聚焦问题的位点都解决了与价值链的三个主要部分有关的问题：生产，收割后加工，销售。农业企业技能的提升与价值链参与者间的正式协议，就成为职能能力建设活动的关键环节。

聚焦解决方案的位点侧重于检验和改进"潜在创新"的解决方案，表明它可能成功解决涉及众人的重大问题。这便是在布基纳法索太阳能投资税收抵免政策（ITC－extension）的运用。为了解决成本和需求驱动的推广服务问题，这个由农民组织的位点就形成了。大多数类型的位点都是基于项目或是有针对性的系统解决方案，比如埃塞俄比亚的"社区种子"位点和"饲料安全"位点，布基纳法索的"灌溉系统"位点和"参与式保障体系"位点，洪都拉斯的"马铃薯"位点。一个系统的解决方案可以同时从不同层面处理问题，如技术、制度、组织、社会等层面（表3－4）。

表3－4　根据初心描绘的位点参与者（解决方案向、机遇向和问题向）

国家	位点	位点的起源			位点的初心		
		基于农民	基于组织	基于项目	聚焦解决方案	聚焦问题	聚焦机遇
BD	芒果						
LA	水生动物蛋白						
HN	马铃薯						
ET	牛奶需求刺激						
ET	社区种子						
BF	新信息通信技术扩展服务						
BF	参与式保障体系						
ET	饲料安全						
RW	集水区						
BF	地方宪章						
BF	灌溉系统						
BF	葵花籽油						
LA	牛						
ET	鹰嘴豆						
RW	木薯						
AO	大米发展						

（续）

国家	位点	位点的起源			位点的初心		
		基于农民	基于组织	基于项目	聚焦解决方案	聚焦问题	聚焦机遇
AO	种子合作						
HN	咖啡						
LA	优质大米						
ET	啤酒大麦						
BD	鱼						
BD	菠萝						
LA	通芒地区和非有机作物						
LA	猪						
RW	牛奶						
AO	农村创业						
GT	鳄梨						
GT	豆类						
GT	可可						
GT	蜂蜜						
HN	豆类						
HN	可可						
BF	微型企业						

国家	位点	位点参与者关系的本质				创新维度			
		基于价值链	基于属地	基于支持服务	基于技术部门	技术	组织	制度	社会
BD	芒果								
LA	水生动物蛋白								
HN	马铃薯								
ET	牛奶需求刺激								
ET	社区种子								
BF	新信息通信技术推广服务								
BF	参与式保障体系								
ET	饲料安全								

（续）

国家	位点	位点参与者关系的本质				创新维度			
		基于价值链	基于属地	基于支持服务	基于技术部门	技术	组织	制度	社会
RW	集水区								
BF	地方宪章								
BF	灌溉系统								
BF	葵花籽油								
LA	牛								
ET	鹰嘴豆								
RW	木薯								
AO	大米发展								
AO	种子合作								
HN	咖啡								
LA	优质大米								
ET	啤酒大麦								
BD	鱼								
BD	菠萝								
LA	通芒地区和非有机作物								
LA	猪								
RW	牛奶								
AO	农村创业								
GT	鳄梨								
GT	豆类								
GT	可可								
GT	蜂蜜								
HN	豆类								
HN	可可								
BF	微型企业								

资料来源：众作者。

位点是被定义为问题、机遇还是解决方案，部分取决于发起伙伴关系并评估能力需求的利益相关者所倾向的描述。一般而言，公共部门和公民社会更倾向于把一个问题归类于待解决，而私营部门则往往倾向于使用更乐观的措辞。在农业创新系统能力建设中，基于农民的位点主要被定义为聚焦问题的位点。当位点基于现有项目时，位点参与者的首要目标就是实施解决方案。就基于组织的位点而言，创造商机和提高竞争力才是位点的初衷。

能力建设中策略的设计以及之后评估位点参与者进展的方式，都受这些因素的影响。

3.2.2 聚焦问题的位点

为了提出能力建设战略，帮助位点参与者提高职能能力进而找到解决办法，对于聚焦问题的位点，能力需求评估主要对问题、可能的原因以及解决方案进行评估。随后，在能力建设的过程中就出现了"创新"（图3-3）。例如，一旦观测到传统种子市场系统效率低下，埃塞俄比亚的"社区种子"位点就开始了能力建设的进程。当农业创新系统能力建设项目结束之际，该地区政府便会同意起草一项新的种子营销指令，使种子生产者与购买者都拥有公平、平等的机会。在与农业部（各地方的办事处）推广人员、农业研究机构、各级合作办事处、种子质量控制机构、非洲自助组织以及其他种子公司间开展合作的基础上，能力建设进程有助于位点参与者们找到合适的发展方案和影响决策者的途径。但在项目结束时新的解决方案（指一项新的指令）仍未得到实施，项目就无法体现其在解决种子系统方面问题的价值。在很多位点中，设计新的解决方案花费了大量时间，通常在1～2年。农业创新系统能力建设项目通过支持探索和学习活动，主要起到促进创造力产生的作用。例如，向位点参与者们提供专业的信息或建议、帮助他们做出决策，都是各类位点能力建设的关键一

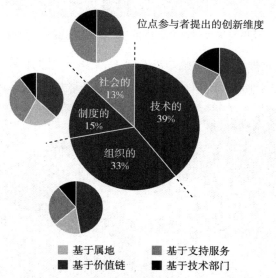

图3-3 位点参与者所解决的创新维度以及二者的本质关系

资料来源：众作者。

步。对于埃塞俄比亚的"啤酒大麦"位点来说,研究与啤酒大麦相关的制度和政策因素,对于获取有关啤酒大麦种子业务的信息和知识至关重要,也可以为决策者提供重要的建议。

然而,该项目在具体实施新的解决方案方面,要么因为无法提供足够物质资源或开展技术活动,要么因为时间不够充裕,导致往往达不到预期的目标。这给位点参与者们带来了挫败感,但在某些情况下,这也促使他们为争取更大的成功和影响而开展合作。将能力建设战略的重点放在非技术和非物质支持上,促使个人和组织转向国内供应商,并自行筹集资金,例如在安哥拉的"种子合作社"位点(图片1)。

图片1　反思与提炼研讨会的成果——安哥拉"种子合作社"位点

又例如,埃塞俄比亚"鹰嘴豆"位点参与者们(图片2)寻求区域研究组织给他们提供优质种子。该项目促使他们考虑在区域层面建立一个可持续的进

图片2　能力需求评估研讨会——埃塞俄比亚"鹰嘴豆"位点

程，使他们能够定期获得优质种子。此外，他们还被迫从美国国际开发署（USAID）那里筹集资金，用于建造一座油加工厂。尽管农业创新系统能力建设项目在没有提供物质支持的情况下提高了人们的期望值，但它最终还是激励了位点参与者开始长期努力。在该项目结束两三年后对位点成果进行评估，可以得到额外的宝贵信息——他们所获得的职能能力是否能够让他们在中期或长期内坚持并实现创新。

> "有些问题过于复杂，超出了农业创新系统能力建设项目的范围（布基纳法索项目经理）"

在某些情况下，在能力需求评估期间对问题的评估突出了待解决问题的复杂性。由于时间和预算限制，该项目无法满足他们的能力建设需求（插文1）。

➡ 插文1　农业创新系统中的能力建设项目在解决位点问题中的局限性——以埃塞俄比亚为例

埃塞俄比亚的"啤酒大麦"位点是一个非常复杂的举措，但同时也是一个非常有趣的案例，它需要使用创新系统方法来解决关键难点。为改善种子系统的性能和优质种子的供应，该位点参与者们确定了可能的干预措施：

鼓励开发和发布气候适应型和高产啤酒大麦品种；

建设种子合作社，使其能够积极参与啤酒大麦种子业务；

改善农业合作社的市场定位和内部治理，提高生产力并融入啤酒大麦价值链；

加强农业订单管理（订单设计、价格、产品质量和数量），增加农民获得现代化投入的机会，提高种子质量和整体供应链绩效；

促进共同创新和协作活动，建立弹性啤酒大麦种子系统。

不幸的是，由于问题的复杂性以及时间的限制，在农业创新系统能力建设项目结束时，部分位点无法一一实现这些理想目标。满足酿酒业的需求、增加小农的利益以及通过减少麦芽大麦和种子的进口来确保投入，仍然是重要的目标，需要另一轮的促进推动。计划与奥罗米亚提前退出的啤酒大麦平台合作，可能确实有所帮助，但仍需进一步的参与。对于农业创新系统能力建设来说，找到必要的额外资源并将这一位点提升到下一个水平，无疑是非常重要的。

资料来源：农业创新系统能力建设最终的国家报告——埃塞俄比亚。

埃塞俄比亚的"啤酒大麦"位点以及布基纳法索"葵花籽"位点都是如此。在这种情况下，农业创新系统能力建设项目主要帮助位点参与者们制定共同的愿景和战略，克服存在于价值链中的瓶颈。

3.2.3 聚焦解决方案的位点

对于聚焦解决方案的位点，能力需求评估的工作主要是：测试、调整后确定潜在创新的解决方案，对该方案的条件进行评估，确定实施所需的能力，并起草行动计划。最初确定的"创新方案"也需要进行调整以适应当地实际情况或需求。例如，位于布基纳法索"新信息通信技术"位点的农民组织（FO）最初的想法是整合一个数字平台，并在其推广服务过程中使用平板电脑，以降低数据收集和分析的成本（图片3）。能力建设花了两年的时间，致力于与专家共同设计和测试数字化工具，改进基于信息通信技术（ICT）的解决方案。为了取得进展，农民组织购买了数字设备，给推广人员提供了所需的装备。在农业创新系统能力建设项目结束之际，对数字工具进行了测试、调整和使用。下一步的任务将是扩大解决方案的规模，为位点的七个农民组织中的所有推广人员提供设备。

图片3　使用平板电脑实现数字化调查问卷——布基纳法索
"新信息通信技术推广服务"位点

在这样的一个位点中，农业创新系统能力建设项目主要是充当实验和调整的催化剂，在实验的过程中指导位点参与者们。它还充当了联系国内和国际专家的桥梁，这些专家能够在解决方案的设计过程中为位点参与者们提供建议。这类聚焦解决方案的位点大多能够在扩大解决方案规模之前识别"新问题"。因此，在项目结束时，这些位点参与者们需要进一步的帮助。例如，布基纳法索的"葵花籽"位点是历时十年投资、努力的结果：在博博迪乌拉索（Bobo‐Dioulasso）开发了一个从油生产到加工的价值链，以供应当地市场。这一位点将生产者、加工商和公共研发机构组织在一起。农业创新系统能力建设项目加强了他们与国家研究机构的合作，并通过参与政治进程改善监管框架（特别是增加进口油的税收）。然而，在实现这些目标的同时，他们面临着两个增产的新技术瓶颈：优质种子的及时获取以及当地产业能力的限制。他们也已经确定了一些应对策略，但缺乏充分的时间和资金来实施这些策略。孟加拉国的"芒果"位点也面临着类似的瓶颈（图片4）。

图片4 包装芒果——孟加拉国"芒果"位点

3.2.4 聚焦机遇的位点

为了提高农民和农民组织作为农业创新系统能力建设干预中主要受益者的竞争力，36%的位点是以价值链的规模组织起来的。

农业创新系统能力建设对这些位点的支持，主要通过联合探索新的营销或分销机会，改善生产者和生产者组织的"商业态度"，并将其与政策环境联系起来。

在几个国家里，这类能力建设已经由不同类型的生产者组织实施，例如在埃塞俄比亚，研究系统正在努力将农民与食品行业联系起来（种植啤酒大麦的农民与酿酒公司、种植小麦的农民与面粉行业等）。然而，由于缺乏定期、系统和科学指导的行动，这些努力仍是远远不够的。在孟加拉国也存在类似的现象。一些团体在合作社主管部门登记注册为合作社，但他们从中接受的培训很少，几乎没有团体继续以合作社形式运作。一些农民不愿意在组织中发挥积极作用，他们更希望政府承担责任，坚信有了政府的支持才可能发生变化。政府若是不发挥重要作用，他们便不愿意参与其中。

在这些不鼓励农民组织的国家，农业创新系统能力建设项目起到了促进基层组织崛起的催化剂作用。

农业创新系统能力建设项目采用价值链方法，帮助生产商团体加强与其他价值链参与者们的联系，建立信任和商业关系。为此定制一种近距离指导方法，一步一步地指导生产商，帮助他们建立自己的组织，并与其他价值链参与者建立有效关系，如在卢旺达"牛奶"位点（图片5）。

图片5　在牛奶收集合作中心记录牛奶交付情况——卢旺达"牛奶"位点

这类位点的主要成果是将集群正式转化为具有法律效力（注册）的生产者组织。这些组织的目的是保护生产者的利益，使其不受其他价值链参与者的影响。此外，生产者的领导人成为各自组织的负责人，也促进他们之间建立商业关系，比如洪都拉斯"咖啡"位点（图片6）。

图片6　培训咖啡生产者使用有机肥料以提高产量——洪都拉斯"咖啡"位点

"从我到我们"，在描述参与农业创新系统能力建设带来的变化时，孟加拉国的一位养鱼农民提到。

农业创新系统能力建设项目帮助这些生产者组织建立愿景、战略和行动计划。该项目的主要成果之一是使农民获得了赋权感，让他们能够摒弃过时的、无效的制度，提出新的工作方式。

位点能力可以影响位点所在环境，使其更有利于创新议程的进行。正式成立和认可是发展位点能力的必要步骤。例如，在危地马拉，为促进鳄梨的生产和销售而成立的"农业综合发展协会（危地马拉）"（AIDA），就是一个重要的步骤，它通过加强参与者长期参与决策的能力而得以实现。

其他的相关成果还包括提高了生产者的意识，这让他们了解到自己可以从政府以及私营企业获取各种支持服务。此外，对于参与位点项目的价值链参与者，即商业伙伴或农民服务提供商，提高了他们参与和合作的职能能力，使他们更易于与生产者互动。农业创新系统能力建设让他们意识到合作的重要性，比如在危地马拉的"豆类"位点（图片7）。

图片7　ATESCATEL种子合作社的成员——危地马拉的"豆类"位点

在结束农业创新系统能力建设项目时，这些位点实现了主要目标并扩大了成果，具体来说有提高各种职能、组织和业务的技能，并将其加入现有系统中。例如，孟加拉国的项目与创新支持服务提供者，诸如孟加拉国农业研究协会（BARC）、达卡阿萨尼亚代表团（DAM）、孟加拉国达卡农业展览会（BAPA），建立了若干新关系并开展了创新进程。一些工作人员参与了项目，并定期与农民接触，这让农民与部门官员和孟加拉国达卡农业展览会工作人员接触和相处起来更加容易。"芒果"位点成员致信孟加拉国达卡农业展览会寻求帮助："孟加拉国达卡农业展览会负责组织、协调和监督在该国运营的加工公司，例如普朗食品公司（PRAN Food Ltd）、先进化学工业公司（孟加拉国，ACI Ltd）。它可以将这些加工公司与位点的成员联系起来，供应绿色芒果、新鲜菠萝等原材料。"

来自老挝的另一个例子，描述了将位点融合进更大的价值链和制度环境中，代表了这类聚焦机遇的位点的关键扩展成果。"猪"位点专注于通过育种技术、人工授精、医疗保健方面的培训来提高产量。同时，通过商业技能和支持产品营销，加强了猪生产者组织的稳定性。为了获得政府的支持，"猪"位点还组织了其与政府机构（地方和国家）的早期接触。随着产量的增加，农民们越来越相信市场前景会有所改善。接着，他们推动价值链的进一步整合，上游是仔猪的养殖，下游是一系列肉制品的加工（香肠、风干肉和腌肉）。这种业务的扩展是通过内部技术进步、知识交流、实验和共同学习实现的。由于取得了成功的进展以及政府的支持，项目推进的信心也在不断增强，通过成为老挝农民网的注册成员、参加会议和培训获得进一步的知识、与贸易商和超市接触、在省内和省外获得营销机会，位点实现了制度化。项目通过共享式培训与实践加强了位点参与者间的内部联系，为与外部合作伙伴建立联系提供了基础，包括访问邻国泰国的养猪场，也为位点带来新的信息，例如，有关沙亚布利省（Xayabouly province）生猪/猪肉市场需求数量和质量的信息。这使得位点能够更加坚定地实践、形成更有凝聚力的组织，并具备更好的市场视野。当地银行业务人员甚至主动拜访了该位点并表示愿意为其提供贷款。

农业创新系统能力建设利用专业能力支持生产者组织、培养农业企业技能，也帮助他们提高了产量和收入（图片8）。

图片8　产能需求评估——老挝"猪"位点

为了实现持续性的专业化和增收增产，在农业创新系统能力建设项目结束时，生产者组织仍需继续执行既定的行动计划并学以致用。此外，人们还希望有机会获新技术、新工业流程来提高产品的质量和价值，进一步提高其竞争力。最后，加强价值链中所涉国家间的合作仍然是一项战略挑战。例如，危地马拉在美国国际开发署的支持下，建立了公费平台和价值链平台。一位参与者表示："农业创新系统能力建设的资源促进政府、私营部门、学术界和生产者之间进行对话，但这不是主流做法。如果不利用农业创新系统能力建设的经验来进一步支持国内多利益相关者的协作，所做的所有努力和取得的所有进展都可能变成徒劳。"

3.3　跨位点开发共同职能能力

位点成果的横向分析揭示了通过指导过程开发出的具有共性的关键职能能力，这些能力帮助位点参与者实现创新的目标。因为它们仅是在位点层面的特定能力，我们称之为"联合创新能力"（图 3-4）。

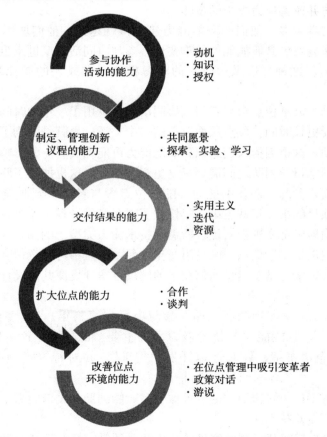

图 3-4　联合创新能力：跨位点与跨国的关键通用职能能力

资料来源：众作者。

这些联合创新能力包括：
- 参与协作活动的能力，也是发展以下其他能力的关键赋能能力；
- 制定、管理创新议程和战略的能力；
- 交付中期成果的能力；
- 调动新伙伴、按需扩大位点的能力；
- 改善位点环境的能力。

这些能力包含一些特定技能，如沟通技能、计算机技能、综合农商技能，这些技能共同构成了制定、管理创新议程的总体能力。以下各节将详细介绍它们。

3.3.1 多获益者缔结伙伴关系的能力是赋能联合创新的关键能力

（1）参与并改善能力需求的步骤

位点参与者越多，他们的职能能力建设得就越强，他们取得的成果就越多，也就越来越意识到职能能力的重要性。参与协同活动反过来也会影响参与者的协同能力。这种"边做边学"的学习模式，在成人的职业环境中非常有效。

很多案例中鼓励位点参与者加入协同活动至少用了一年的时间，在许多情况下甚至需要更长时间。位点层面取得的一个关键成果就是鼓励了更多个体加入了协同活动，这也因为人们意识到职能能力可能确实有一些影响。因此，个体参与者与训练指导团队之间需要建立更多的信任。这也加速了联合位点活动的开展，提高了参与、协作的能力。随着位点参与者意识到职能能力的重要性，他们在项目的第二年甚至第三年修改了很多指导计划。尤为重要的是，他们可以更准确地确定实现创新议程所需的技术能力类型。例如，在布基纳法索的"新信息通信技术"位点，经过第一年之后，位点参与者意识到他们需要具备计算机能力，来与基于信息通信技术的解决方案开发商共同设计他们的数字平台。

经过2~3个学习周期后（即在参与项目的第二年），大多数位点参与者都一致认为，职能能力与技术能力同等重要。此外，在这一阶段，他们能够更好地表达实情、针对性地开发"需求"，并对特定类型的需求进行支援。

最后，由于参与协作活动的能力似乎是赋能创新的关键能力，因此在任何指导过程中都需要特别注意。

下一部分总结了培训团队实施的能力建设活动，这些活动有助于发展在位点层面参与协作活动的能力。

（2）参与轮状图：能力建设活动是如何吸引位点参与者的参与

在大多数位点，不同的能力建设活动有助于开发其参与者参加协作活动的能力。

图3-5突出展示了我们在34个位点中确定的不同驱动因素（动机、知识和授权）、利于激活这些驱动因素的能力建设活动类型及这些活动对每个驱动因素所起的具体作用。因此，我们认为，需要将不同类型的能力建设活动结合起来，以发展位点参与者参与协作活动的能力。

在能力建设活动太少或只开展特定类型能力建设活动的位点中，参与者在项目的第二年便脱离了活动，例如埃塞俄比亚的"牛奶需求刺激"位点、布基纳法索的"葵花籽"位点。

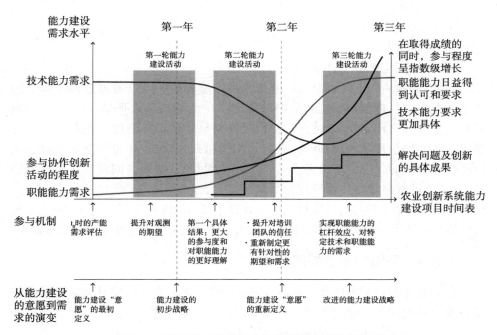

图3-5　雇用位点参与者和细化其能力所需的步骤

资料来源：众作者。

3.3.2　制定、管理创新议程和战略的能力

对所有位点来说，制定创新议程都是关键步骤。它包括以下几个方面：

- 对待解决的问题有共同的理解；
- 认识到复杂的环境和参与者之间的相互作用；
- 了解法律和政策框架；

- 了解政策议程；
- 收集有关问题和可能解决方案的信息和建议；
- 寻求创新的解决方案；
- 对未来的共同愿景；
- 制定策略和行动计划，进一步设计、开发和试验解决方案；
- 从经验中学习；
- 监测产出和成果；
- 必要时修订、调整战略和行动计划。

在个人层面，这种能力需要不同类型的技巧，包括：

- 复杂和"系统"思维能力；
- 问题评估能力；
- 创新管理能力；
- 领导能力；
- 和创新议程相关的技术。

在监测-评估-学习（MEL）模式的指导过程中，可以通过施加干预措施来培养制定、管理创新议程和战略的能力：t_0 的能力需求评估，t_1 和 t_2 的再现性与重复性（R&R）研讨会，t_3 的最终结果评估。在研讨会期间使用的方法和工具有助于评估问题和解决方案（问题树）、将位点环境的复杂性概念化（网络地图）、确定能力建设需求（能力评估问卷）、制定共同愿景（丰富的图片）、活动的战略规划（指导计划）。

在某些位点，通过有针对性的能力建设干预（如课堂培训、同行交流、实地考察等）培养了一些特定技能，如领导能力、相关技术领域能力或创新管理能力。

3.3.3　交付中期成果的能力

正如在参与过程中所观察到的（图 3-6），快速产生一些具体成果是保持位点成员的关注和兴趣的关键。它要求位点参与者能够：

- 确定短期活动的优先顺序并制定战略；
- 接受不确定性、失败和反复；
- 发现并抓住机遇；
- 积极主动；
- 务实；
- 采取行动时有足够的资源和回旋余地。

这种能力建设是由一些创新促进者推动的，他们鼓励一些位点参与者们组织起来并取得一些成果，以便指导过程能够继续。在一些国家（老挝、布基纳法索），他们保证提供指导和支持，鼓励位点参与者积极行动。

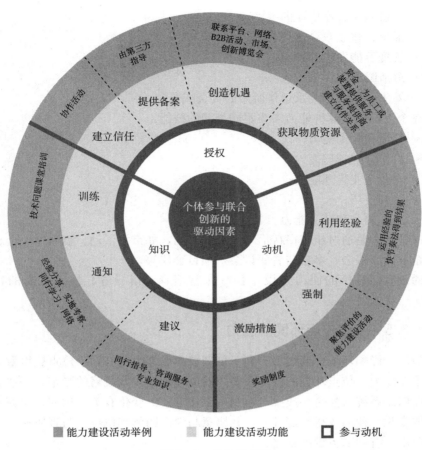

图 3-6　参与轮状图
资料来源：众作者。

3.3.4　调动新伙伴、按需扩大位点的能力

所有位点都面临着在某个时候调动新伙伴的需求。原因有很多：

- 获得更多的物质、人力或财力资源；
- 开展业务和活动；
- 获得对其创新议程（战略）的新见解；
- 与相关专家或服务供应商共同设计解决方案；
- 创造新知识；
- 接受培训。

调动新伙伴的工作包括以下方面：

- 确定相关合作伙伴；

- 获得相关合作伙伴的关注；
- 提出、建立双赢伙伴关系；
- 管理可能发生的冲突；
- 澄清财产权；
- 筹集合作伙伴关系运作所需的资金或资源。

在个人层面，这种能力需要不同类型的技能：

- 沟通和营销能力；
- 协作合同管理能力；
- 农业企业管理能力；
- 谈判技巧；
- 人际关系和社交能力。

这种能力是通过组织衔接活动发展起来的，如市场活动、创新博览会、企业对企业的座谈会、多参与者研讨会、项目会议等。

通过有针对性的能力建设干预（课堂培训、指导等）培养所需的特定技能。

3.3.5 改善位点环境的能力

最后，影响环境并使之更有利于创新议程的能力是有助于位点获得重大进展的重要能力。位点环境的变化主要与新的政策法规或战略的制定、一些关键的农业信息系统（如研究或推广组织）工作方式的变化有关。例如，研究人员态度的变化。他们变得更加开放，并愿意与农民团体和位点参与者协作，是使位点环境更有利的关键因素之一。

这种能力包括以下方面：

- 制定创新议程；
- 了解政策议程；
- 确定潜在的、相关的扶持组织；
- 参与政策或高级别机构对话；
- 说服政策制定者或决策者；
- 游说；
- 起草政策简报；
- 起草新的法规或政策战略。

在个人层面，这种能力需要不同类型的技能：

- 说服能力；
- 语言能力；
- 与创新议程有关的技术能力。

这种能力主要是通过与政策制定者或政府机构的沟通活动、市场活动和政策对话进程来开发的。

3.4　职能能力对实现创新的贡献

由于位点层面的影响，我们需要确定能力建设和创新过程之间不同类型的耦合轨迹。创新轨迹，即从构思到探索、实验、开发再到扩大创新的过程，这个过程不是线性的，在很大程度上取决于职能能力的发展水平。

例如，埃塞俄比亚的"鹰嘴豆"位点以两个目标为出发点，通过解决问题来加强农业实践：一是通过获得技术和服务来增强农民的技术能力；二是通过允许农业企业向位点出售投入品，同时从位点购买更多产品，来活跃农民与农业企业的双向贸易。随着农业创新系统能力建设活动的开展，重点变得更加明确："最初，位点的优先目标是专注于种子繁殖和粮食生产。然而当我们完成任务时，我们意识到不可能同时关注种子和谷物。因此，我们修改了优先目标，并将重点缩小到种子繁殖。我们相信，如果种子问题得到解决，大多数粮食生产问题（种子质量和数量的不足、病害等）都将减少到最低程度。"有了更清晰的目标，"关系也得到了改善，在过去三年里，大约有八个新的合作伙伴加入了联盟"。并且，也产生了意料之外的成果："鹰嘴豆现在成为埃塞俄比亚商品交易所（ECX）的出口商品之一。"据该联盟的经理说，这是一个出乎意料的结果，也是一个巨大的市场机会。"有了农业创新系统能力建设的干预，鹰嘴豆的产量和质量正在提高，种子问题已经得到了解决。"一位新的合作伙伴也加入该项目，给扩大农业创新系统能力建设中启动的种子繁殖活动提供支持，并支持联盟在粮食生产方面的工作。此外，新的合作伙伴将支持联盟建立鹰嘴豆分割和加工厂。"农业创新系统能力建设项目结束后，活动也因有了新的合作伙伴而继续。这个项目非常成功"（鹰嘴豆农民联盟经理）。

在危地马拉，"蜂蜜"位点始于加强其组织——区域蜂蜜生产者合作社（CIPAC）的战略规划和管理。除发展贸易外，其还计划改变态度、赋予生产者权力、培养领导素质、促进国家蜂农委员会（CONAPI）和农业部更好地交流。在进行政策对话时，位点参与者发现，环境保护法有可能通过征收额外税收来限制生产和贸易。这样一来，迫使位点重点关注这条法律。为了应对此法，位点重组了活动，加强了战略和商业规划方面的法律组织，增加了成员，并重启联盟组织以便定期与政策制定者、政府互动。

这些耦合轨迹的两个原型如图 3-7 所示。在 t_0、t_1、t_2、t_3 时刻进行评估时，方框对应于能力水平。在这两种情形下，虽然位点参与者似乎没有取得多少具体成果，但由于能力建设活动，他们的能力正在提高，这反过来又使他们能够在以后的创新议程上取得成果。随着其职能能力的提升，位点参与者更有能力制定这一创新议程和战略，从而对初始能力需求评估会期间制定的初始行动计划进行修订和调整。在情形1中涉及新类型的参与者，他们返回来定义待解决问题。在情形2中，当为扩大创新解决方案规模制定战略时，他们意识到"解决方案"需要进一步的调整和测试，以供大量农民使用。于是他们回到了解决方案开发阶段。

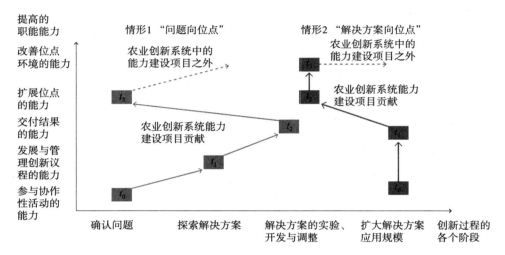

图 3-7　源于农业创新系统中的能力建设项目的职能
能力建设与创新发展进程的耦合轨迹
资料来源：众作者。

这些结果表明，在位点层面的能力开发或多或少都有所进展，进展程度取决于农业创新系统能力建设项目结束时在位点内的轨迹。

对于未来的项目，这意味着此类农业创新系统能力建设的支持不应过早停止，否则可能会导致两类风险：项目受益人的挫败感以及创新项目的薄弱成果。在许多位点的农业创新系统能力建设结束时，受益人不是很开心。他们的期望和能力提高了，但没有足够的时间在创新轨迹上取得重大进展。此外，对农业创新系统能力建设项目的外部评估强调，由于职能能力是无形的，因此缺乏肉眼可见的变化。

4 系统层面的影响路径

4.1 系统层面的能力建设模式概述

在"系统层面"寻求的变革涉及改善位点环境，以使其能够解决问题、试验和扩大解决方案和利用商业机会，从而在创新议程上取得进展，并实现其创新潜力。

根据每个位点的需求、现有的抑制因素、国家背景和能力建设活动的可行性，在每个国家进行了"位点环境"不同方面的讨论。例如，老挝和埃塞俄比亚无法全面实施组织指导的主要原因是项目进度和资源问题。各个国家还开展了其他能力建设活动，例如侧重于加强国家协调机制或平台。每个国家在系统层面所追求的目标和所选条目决定了它们对不同类型能力侧重的差异性。

为了报告各国系统层面能力建设战略的多样性，我们根据经验确定了三个区别性维度：解决的核心问题、变革参与者和目标职能能力（图4-1）。

4.1.1 核心问题

核心问题是八个国家在系统层面通过能力建设干预措施解决的主要问题。他们可以沿着一个梯度进行定位，从在位点的有利环境中创造出新的可能性，到改变农业创新系统参与者互动的方式，再到改变农业创新系统参与者支持创新位点的方式。该梯度与农业创新系统级别的预期转换强度有关（图4-1）。

梯度的顶端对应着深层的系统性转变。在技术转让（ToT）模式根深蒂固的国家，如孟加拉国或者在农业创新方法几乎不存在的国家（例如在老挝），创造新的可能性来支持基层和开放式创新是能力建设在系统层面的指导原则。这需要改变参与者感知创新的方式，并引入支持合作创新的新方式。它提出了

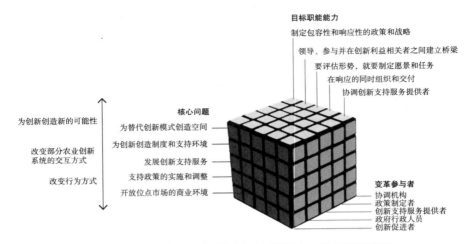

图 4-1　八个试点国家系统层面创新能力发展的实证维度

资料来源：众作者。

复杂的挑战，因为必须找到足够的变革参与者以及有能力领导这种变革的参与者。

在创新政策、制度安排和运营政策工具非常薄弱或完全缺乏的国家（安哥拉、洪都拉斯、埃塞俄比亚），核心挑战性问题涉及政府行政人员提出新的思维方式、新的框架和方法，以帮助协调农业政策和系统不同部分提供的创新支持服务。项目为参与者间的互动提供了帮助，这涉及互动的性质、质量和强度。

在已经存在创新政策但尚未有效或实施的国家（例如布基纳法索、危地马拉），核心挑战性问题会改变行动和行为方式，使现有方法更加务实，更能满足特定需求。例如，改善现有的创新支持服务，或通过改变政策法规实现位点的市场开放。

表 4-1 列出了五个核心问题和相关的能力建设方法。这些核心问题在某种程度上反映了项目实施者在开展全国性活动（如市场活动和政策对话）时使用的基本原理。对于每一个国家，我们都观察到了一系列优先核心问题和主导能力建设方法的趋势，但并没有直接的方法。必须承认的是，项目实施者在设计能力建设方法的同时，根据农业创新系统参与者表达的兴趣，必须承认的是项目执行者在执行既有能力开发方案的同时也在不断修改调整并设计新的方案。这种调整取决于农业创新系统参与者所表现出来的兴趣点、他们参与能力建设活动时的反馈以及为他们创造新沟通桥梁的机遇。

（1）变革的参与者

系统层面所需的能力涉及不同的个人、组织和元组织（如平台、董事会、理事会等）。我们称之为"切入点"，因为他们被项目实施者视为系统层面能力建设活动的主要受益者和领导者。在大多数情况下，它们对应于监测-评估-学习（MEL）研讨会期间确定的变革参与者。在这八个国家中，我们要发现动员那些在解决核心问题方面发挥最积极作用的人。我们将这些切入点分为五类（图4-1）：

- 国家创新促进者；
- 创新支持服务（ISS）提供者，主要是农业研究、推广和教育组织；
- 政府行政人员；
- 决策者；
- 部门间协调机构。

表4-1　何种能力？八国决策者在国家创新系统层面解决的核心问题

核心问题	定义	能力建设方法	国家
为促进替代技术转让（ToT）的创新模式创造空间	在技术转让模式牢固确立和制度化的国家背景下，农业创新系统中的能力建设项目被用作向政府行政人员展示多利益相关者创新伙伴关系和基层创新举措的好处的机会	政府行政人员广泛接触农业创新系统思维和创新位点，并参与位点活动	孟加拉国、老挝
为基层农业创新和能力建设创造体制和支持环境	在没有专门用于农业创新和可持续发展的扶持性框架的国家背景下，农业创新系统中的能力建设项目被用作在机构间层面创建的组织和行动模式的方法模型	让决策者参与评估、学习和展望活动　跟踪和确定现有组织，这些组织有足够的授权和能力支持农业创新　让政府行政人员参与国家创新促进者计划	老挝
支持现有创新战略和政策的实施，与位点创新流程保持一致	在国家背景下，政府已经制定了创新政策和战略，但由于各种原因没有实施，农业创新系统中的能力建设项目被用来支持这些现有政策和战略的实施	让私营部门（孵化器）或教育部门等非传统创新参与者参与政策实施	布基纳法索、埃塞俄比亚
开发或改进创新支持服务以实现位点市场	在大多数国家，创新支持服务不够发达或不合适，主要是因为缺乏能力和资源	培训员工和组织设计并向位点提供足够的创新支持服务	卢旺达、布基纳法索、安哥拉
在位点层面（即位点的商业环境）释放营销、加工、融资和供应的可能性	基于位点需求，政策主管需要消除或调整一些监管和技术限制，尤其是与劝阻性税收有关的限制	为政策制定者提供基于证据的建议，以微调、改进或创建直接影响位点活动的监管	埃塞俄比亚、卢旺达、布基纳法索、洪都拉斯

它们由公共部门组织（57%）、第三部门组织（23%）和私营部门组织（20%）组成。第三部门由非营利组织和合作组织组成，私营部门由营利组织组成。

图4-2显示了八个国家中作为切入点的所有个人和组织的机构联系。农业发展部门的传统参与者占主导地位：部委（17%）、国家和国际非政府组织（19%）（图4-3）和公共研究中心（15%）。

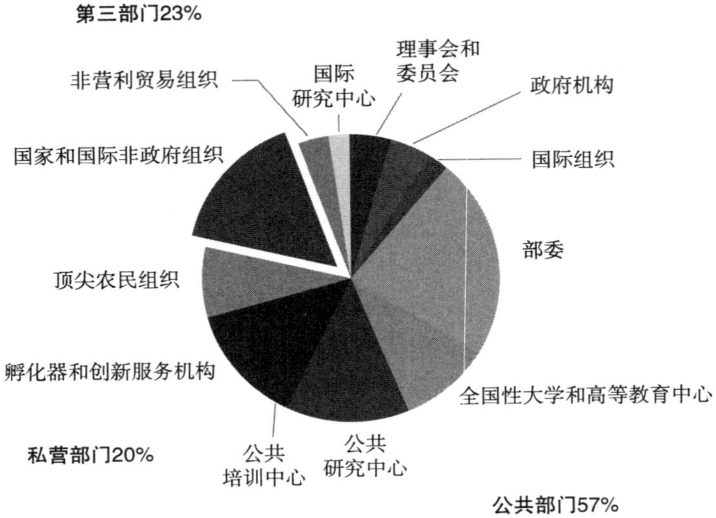

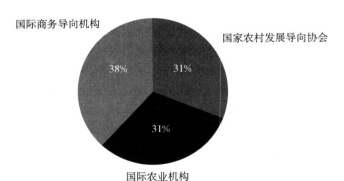

图4-2 八国系统层面上个体与组织作为能力建设参与者的架构关系

资料来源：众作者。

图4-3 国家和国际非政府组织的类型

资料来源：众作者。

图4-4显示了他们主要活动领域的分布。研究、推广和教育已经数不胜数（32%），独立研究活动占该类别的44%（图4-5）。商业发展（价值链）

和农业发展通常占所有活动领域的 20％ 和 18％。只有 10％ 的组织专门从事创新活动（即为创新者和创新创业提供支持）。

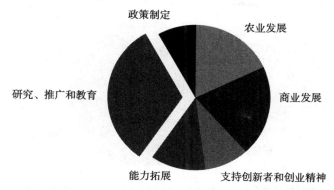

图 4-4　八国系统层面上组织作为能力建设变革参与者所涉的主要活动领域
资料来源：众作者。

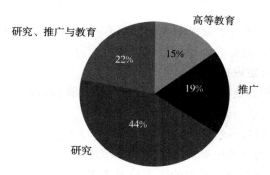

图 4-5　"研究-推广-教育"领域内活动分布
资料来源：众作者。

图 4-6 显示了国家创新促进者的机构关联。他们主要来自公共部门组织（62％）。此次选拔的多重目标是：让部级的关键人员尽可能多地了解农业创新系统思维和工具；向公众认可机构、支柱组织展示该方法制度化的途径；通过公务员的参与，使农业创新系统中的能力建设对创新位点的支持合法化或促进化。

（2）目标职能能力

我们确定了八个国家系统层面的五种职能能力。这些是：

- 评估形势、创建愿景和授权的能力；
- 以响应的方式组织和交付的能力，同时响应位点需求；
- 协调创新支持服务提供者的能力；

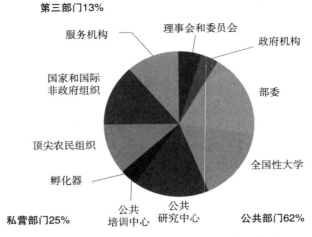

图 4 - 6　八国国家创新促进者的机构从属关系

资料来源：众作者。

- 领导、参与和在农业创新系统参与者之间建立桥梁的能力；
- 制定全面、包容的创新政策和战略的能力。

(3) 国家能力建设模式

根据优先处理的核心问题、选定的变革参与者和目标功能能力，八个试点国家可分为三大类能力建设模式（图 4 - 7）：

- 面向农业创新系统转型的能力建设模式；
- 面向农业创新系统对标的能力建设模式；
- 面向农业创新系统扩展的能力建设模式。

能力建设图案由立方体每个面上的灰色框给出（图 4 - 7）。在农业创新系统转型中，以能力建设模式为导向，项目实施者关注两到三个核心问题和两到三个职能能力，主要涉及传统参与者（研究中心、政府行政人员和农业政策制定者）对农业创新系统思维的影响，以及在替代技术转让模式根深蒂固的背景下创新位点的需求。在老挝，通过在创新支持服务和从国家到地方（省份）的政府机构内部发展国家创新服务网络之间建立跨部门协调，支持了这种方法。

在面向农业创新系统对标的能力建设模式中，项目实施者专注于两到三个核心问题和三个或四个职能能力，这些问题和能力主要涉及改善现有农业政策，以放开位点市场，同时引入新的方法论方法，更好地联系业务参与者、研究人员和创新者。这是八个国家（尤其是埃塞俄比亚、洪都拉斯、卢旺达、安哥拉）的主要能力建设模式。

面向农业创新系统转型的
能力建设模式

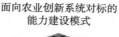

面向农业创新系统对标的
能力建设模式

面向农业创新系统扩展的
能力建设模式

孟加拉国

卢旺达、洪都拉斯

布基纳法索

老挝

埃塞俄比亚、安哥拉

危地马拉

图4-7　国家创新系统层面的能力建设分类模式
资料来源：众作者。

在面向农业创新系统扩展的能力建设模式中，项目实施者专注于两个或三个核心问题和四个或五个职能能力，主要涉及通过系统中的新参与者实施或完善现有创新政策和工具，比如私营创新支持服务提供者（孵化器、基金会、服务机构）。在危地马拉和布基纳法索，农业创新系统中的能力建设项目是在与所有部门（私营部门、公共部门和第三部门）代表对话的基础上，帮助促进和实施致力于农业创新支持的政策工具。

4.2　职能能力建设

在系统层面上，职能能力是通过系统能力来构建的，这意味着尽管它们与农业创新系统的整体功能有关，但它们分布在农业创新系统的所有活跃成员个人和组织中。这八个国家跨部门确定的五种职能能力以几种不同的方式发展，但取得了相似的结果。这意味着可以找到不同的特定于环境的途径，以便在系统层面发展能力，加强国家农业创新系统。

4.2.1　评估形势、创建愿景和授权的能力

农业创新系统中的能力建设项目通过对创新位点的具体案例研究，帮助突显了该项目受益人的系统故障：机构之间的脱节、农业政策和创新过程之间的脱节，以及研究部门和商业部门之间的脱节。大多数脱节问题都能在范围界定

研究的最初阶段就被注意到,并于研讨会上被提出。所有八个国家最近都有几份报告指出了机构的弱点、机构安排、政策需求或加强农业创新系统的必要性,见插文 2 孟加拉国的例子。

> **➲ 插文 2 国家农业创新系统和农业政策发展**
> **面临的挑战——以孟加拉国为例**
>
> 农业部负责农业政策的制定。2013 年的国家农业政策强调了孟加拉国农业面临的主要挑战:提高生产力和盈利能力;减少不稳定;提高资源利用效率;确保公平;提高质量,满足多样化和商业化需求。它认识到了一个弱点,即"公立和私立大学及研究机构之间缺乏协调",并呼吁"农业模式从供应驱动转向需求驱动"。该政策强调了建立伙伴关系的重要性,"国家农业系统研究所将通过增加公共和私营部门间的合作来创造更多研究机会"。在其人力资源开发部分中,它指出,"政府计划引入创新方法,以提升研究人员、推广人员和农民的技能……"在工作计划开发部分,"政府将促进和加强与需求驱动的研究和推广相关的培训"。
>
> 资料来源:孟加拉国——范围界定研究报告。

农业创新系统中的能力建设诊断对农业创新系统利益相关者有意义的是,它适用于位点参与者自己在政策层面提出的具体案例。位点市场面临的瓶颈和直接向政府行政人员和决策者表达的支持需求创造了势头和环境,在这种环境下,政府实体可以对问题有共同的理解,然后能够提出共同愿景和任务。例如,在埃塞俄比亚的政策对话阶段,作为一项准备工作,对"刺激牛奶需求"的位点市场进行了政策审查。

在政策审查期间,发现该国存在若干与营养和学校供餐有关的政策、战略和方案文件。该研究发现的一个关键缺陷是,学校膳食的国家战略文件没有考虑到牛奶是学校膳食计划中的主要食物,并且没有认识到多参与者互动和网络化在较大规模的学校膳食中提供牛奶的重要性。根据这些因素和其他因素改进战略文件是农业创新系统中的能力建设项目对国家学校膳食战略的关键贡献。

在埃塞俄比亚的"饲料安全"领域,一个关键问题是兽药与动物饲料管理局(VDFACA)是否有权作为联邦机构在各州执行该指令并开展工作。这个问题没有简单的答案,因为这类问题在该国已经很普遍,主要是因为联邦政府体系的性质,在地区和联邦授权之间尤其是在交叉问题上往往存在灰色地带。最后,有人建议兽药与动物饲料管理局需要咨询各级政府的法律部门,以确定该问题的正确答案。位点继续努力完成学校供餐相关的政策性文件,并将其翻译成官方语言（阿姆哈拉语：Amharic）。兽药与动物饲料管理局管理层正在审批该文件，并将其提交给相关董事会执行。

在老挝，农业创新系统中的能力建设项目提高了政策对话所有参与者的能力，以了解创新位点伙伴关系参与者所面临问题的根源。因此，他们能够更好地确定未来的道路。

4.2.2　以响应的方式组织和交付的能力

在响应位点需求的同时，组织和交付的能力是指创新支持服务提供者从更好地满足创新者需求的角度采取的行动。国家创新促进者培训计划和组织辅导是开发这一能力的主要途径。

例如，在孟加拉国，在项目结束时，达卡阿萨尼亚代表团（孟加拉国DAM）和孟加拉国达卡农业展览会（BAPA）能够提出响应农民需求和以市场为中心的活动，以便更好地将创新融入新的和正在进行的项目中。三个创新支持服务提供者（两个政府部门，一个私营部门）与农业创新系统中的能力建设创新促进者合作。他们在合作中共同确定能力差距、制定愿景并设定优先目标，从而使得这三个创新支持服务提供者更为高效、响应能力更强。创新支持服务提供机构的员工在考虑其机构任务和农民期望的同时也分析了其机构的组织能力和执行能力，并以此制定了有远见的行动计划、优先目标，确定了创新参与者和进展标志。这有助于员工了解其组织的弱点，虽然做出改变并不容易，但改变确实在点滴发生，每月的会议上都会提出新的想法，人们开始以不同的方式思考如何提出农民响应和以市场为中心的活动，以更好地融入创新。孟加拉国所有三个位点合作伙伴都将营销和加工视为特殊挑战，因此，达卡阿萨尼亚代表团（孟加拉国DAM）和孟加拉国达卡农业展览会（BAPA）被邀请与农业创新系统中的能力建设团队合作，以确定能力差距，制定愿景，并设定优先目标，从而成为更有效、更具响应性的农业创新服务提供者。孟加拉国农业研究协会（BARC）也受到邀请，因为它有责任确定研究的优先顺序。如上所述，这三个组织的工作人员根据各自的任务及农民的期望和需要，考虑了各自组织的状况，分析了各自组织的工作情况、组织和交付的能力，以及制定具有愿景、优先目标、变革参与者和进步标志的行动计划。

4.2.3　协调创新支持服务提供者的能力

协调创新支持服务提供者（ISSP）的能力是指在国家层面部署创新支持服务网络，以精准支持每个地区的创新举措。

精准支持地区创新是布基纳法索在系统层面所面临的核心问题。对创新支持服务提供者进行全景描绘可以方便科学研究和创新总局（布基纳法索，

DGSRI）更好地了解创新生态系统的不足之处。为了便于和所有服务提供者们一同参与关于服务创新、服务协同等议题的研讨会，代理机构预先接受了关于农业创新系统能力建设的概念与方案方面的培训。研讨会统一了与会者对创新概念的理解。一些与会者表示，研讨会结束时，他们对创新概念的理解有所提高。

埃塞俄比亚的农业状况变得越来越复杂，预计在未来几年将变得更加复杂。价值链中参与者的数量和类型都在增加，参与者的分工非常多样化，他们之间相互依赖的需求越来越明显。在这种不断变化的背景下，小农户仍然是所有农业价值链的核心。然而，公共研究和推广机构似乎并没有意向让所有不同的价值链参与者参与到他们的项目中。他们仍局限于小农户工作，因为这是他们分内的工作。但为了及时应对环境背景变化，公共研究和推广机构不应有此局限。原因很简单，公共机构如果可以服务于整条价值链，就能更好地解决小农户的问题。例如，牛奶加工产业收入的增加也会带动乳制品小农的产品销量。因此农业部必定也会对支持牛奶加工中涉及的私营部门的发展有兴趣。但是这种对产业链的支持并没有充分发挥作用，其原因不是机构缺乏兴趣，而是机构和组织缺乏调动相关参与者进行集体学习、实践和行动的知识、技巧和态度。由于农业创新系统中的能力建设项目以创新系统方法为指导，因此它在这方面提供了重要的经验教训。国家发展的能力、促进和管理创新项目的经验以及项目产生的文件都是国家的资产。这些有形和无形的国家资产为进一步的行动打下了坚实的基础。

4.2.4 领导、参与和在农业创新系统参与者之间建立桥梁的能力

领导、参与和在农业创新系统参与者之间建立桥梁的能力是指农业创新系统思维的制度化和操作化过程：确定农业创新系统的关键支柱组织，并组建组织间的关系网络。这一过程不仅依赖一个有力的政府首脑，还需要在一个宏大的社会项目中制定具体的目标，例如，促进向生态农业转型或是促进构建健康农产品系统。

在老挝，农业与林业部（MAF）和工商部（MoIC）报告称，因为他们现在更好地理解了挑战和应对挑战的重要性，所以他们支持与促进生产、联系以及影响参与者的能力有所增强。国家农林研究所（NAFRI）和政策与法律事务部（DoPLA）牵头创建了一个"农业创新系统层面小组"。为了给农业创新系统能力建设提供国家视野并进行授权，农业创新系统层面小组参与了农业创新系统的综合评估。由于国家农林研究所对农业和林业部其他部门的专项投资，老挝农业创新系统中的能力建设项目得以推广。这种具有创新性的交叉投入从制度和环境上成功地改善了农业创新。交叉投入产生的结果将有助于更好地确定实现热带农业平台目标所需的具体方法，即为农业创新创造"有利环

境"，尤其是在国家和地方（省级工作人员）等合作伙伴之间交叉式投入和后续行动方面。

在埃塞俄比亚，组织指导激发了农业部和埃塞俄比亚农业研究所（EIAR）领导层对创新支持服务概念的兴趣。随后，政策对话成功地让正确的利益相关者参与进来，包括国家畜牧部长、兽药和动物饲料管理与控制局的主要管理者、私营部门参与者和相关非政府组织。认为起草的指令足够重要且已达成普遍共识，可以由政府发布。参与者以向政府献言献策的方式参与政策对话，旨在使得政策、政令有更强的关联性、更加完善。

在布基纳法索，农业创新系统中的能力建设项目最初符合国家创新战略和农业创新政治议程。然而，计划的活动并没有完全融入该国正在进行的活动中，因为该项目的战略是在全球范围内设计的，没有提及布基纳法索农业创新挑战的特殊性。由于实施战略的逐步调整和关键社会技术挑战（如农业生态转型或灌溉部署）的确定，项目团队成功地利用农业创新系统中的能力建设项目为持续创新过程铺平道路，并满足持续的能力发展需求。在高等教育、科学研究与创新部（布基纳法索，MESRSI）的领导下，大约 20 个组织的活动在多个方面形成了协同效应，这些组织至少参与了三个层面的干预（位点、创新支持服务提供者、政策）中的一个。

在孟加拉国，农业创新系统中的能力建设最终被视为一种支持农业政策从强化促进转向健康农业食品体系发展的方法。气候变化在孟加拉国备受关注，是政策制定者间的共同议题。该国的农业政策从侧重于粮食的单产开始向侧重于生产安全、富含营养的食品转变，同时认识到也需要让私营部门和其他参与者共同参与生产前、后期的活动。农业创新系统中的能力建设在农民、研究人员和私营部门之间搭设了桥梁，使得他们之间形成了一种前所未有的工作文化。

4.2.5　制定全面、包容的创新政策和战略的能力

制定全面、包容的创新政策和战略的能力指的是评估内生和协作创新过程的具体支持需求，以及与相关行为者对话设计适当政策工具和法规的过程。

洪都拉斯起草了一份部长级协议，保证未来政府对"马铃薯"位点的支持，为生产者提供参与战略和政治进程的空间。在农业创新系统中的能力建设活动和会议的支持下，直接沟通使"马铃薯"和"豆类"位点将成为与农业部共同设计的国家价值链计划的核心要素。这些马铃薯和豆类位点市场现在正在通过国家豆类协会（Cámera de Frijol）等制度化机构提高其法律地位。为了改善生产以打入国内、国际市场，国家豆类协会还将允许生产者联合或集体行动。

在埃塞俄比亚，一项新的种子营销指令现已颁布，并正在区域层面实施。有关任意设定种子价格的问题已经得到解决，新指令的批准鼓励"社区种子营销"位点市场的成员认识到自己的作用，并对整个发展过程更有信心。多亏了政策咨询，该领域的成员能够说服区域管理机构在两个月的时间内批准该指令。在"牛奶"位点里，农业部下属的乳制品委员会的成立被认为是一个重要的里程碑，此外还起草了一项关于未加工牲畜饲料类型的指令。一位埃塞俄比亚参与者说道："如果直接把指令的制定问题抛给区域管理机构，新的种子营销指令是不可能如此快地施行的。新指令编制过程里的所有验证阶段都是农业创新系统能力建设倡议中所包含的内容。"

4.3 从位点到国家层面的逐步能力建设流程

由于开展了多层面和多层次的能力建设活动，系统层面的能力得到了开发。通过动员一些核心农业创新系统机构的关键人员参与位点、创新支持服务提供者和政策三个层面的能力建设活动，农业创新系统中的能力建设项目使得他们学会了"如何"识别和支持创新位点（图 4-8）。农业创新系统参与者改变了对创新过程的看法，这使他们对支持创新的新方式有了深刻的见解。在丰富的农业创新活动和多样化的参与者背景下，转化式学习的过程不断重演。

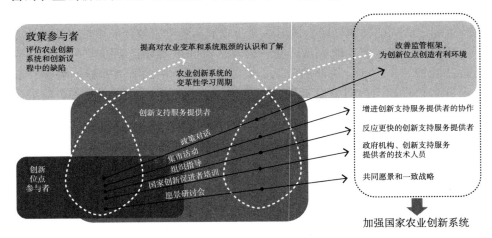

图 4-8　增强八国国家农业创新系统的能力建设进程
资料来源：众作者。

所有能力建设流程都植根于创新位点的活动和学习。这些位点影响了系统，使得环境向对它们的活动有利的方向发展。国家创新系统层面的能力建设活动非常耗时，第一个成果显现时已经是农业创新系统能力建设项目的最后一年了。表4-2总结了能力建设活动对系统层面职能能力开发的作用。

表4-2　系统层面上农业创新系统能力建设对能力建设的贡献

职能能力建设	农业创新系统中的能力建设贡献：在系统层面产生影响的能力建设事件、方法和活动
领导、参与者和在农业创新系统中利益相关者之间建立桥梁的能力	• 市场活动 • 在农业创新系统背景下进行关于促进发展的相关性培训 • 项目技术咨询委员会和指导委员会
评估形势、创建愿景和授权的能力	• 范围界定研究与研讨会 • 国家验证研讨会 • 政策对话的准备阶段：政策审查、协商研讨会 • 参与位点活动和R&R研讨会
协调创新支持服务提供者的能力	• 支持平台创建或简化 • 动员位点活动并支持合作 • 为组织提供建立战略伙伴关系和关系网络方面的培训 • 为组织提供利益相关者分析方面的培训
制定全面、包容的创新政策和战略的能力	• 政策对话进程
以响应的方式组织和交付的能力	• 组织辅导 • 关于如何为创新创业者实施孵化活动的培训

4.3.1　结盟和参与的第一步，未来规划研讨会

最初的研讨会是为了对未来有清晰的规划，参与者对农业创新系统和创新议程中存在的缺陷进行评估，并就所需的更改和首选创新领域问题达成一致。与会者的多样性会使与会者愿意投入到研讨会中，并开始思考如何调整农业创新干预措施和战略。

4.3.2　训练机构成为系统变革的驱动者

八个国家中，能力开发过程对国家农业创新系统的改变有所影响。对机构进行培训则是能力开发过程中的重要一环。

在埃塞俄比亚，农业创新系统能力建设的机构培训是最有可能在系统层面带来重大变革的活动。不幸的是，这项活动开始得很晚，以至于到项目结束时也没能看到在系统层面发生的重大变化。

在孟加拉国，人们承认，创新支持服务提供者了解了其组织的短处，虽然不易，但改变确实在逐步发生。新的想法在月度会议上被提出，人们开始

以不同的方式进行思考。位点层面的工作确实锻炼了机构的能力，也因此反过来改变了机构对未来的规划与实践活动。这是一个关于位点如何影响系统的例子。

在危地马拉，农业创新系统中的能力建设项目执行者认为，组织培训是改进农业创新系统不可或缺的方面。然而，组织培训活动在项目启动后的第四年才开始，这导致观察机构在参与培训活动过程中产生变化的时间非常有限。但在与各机构共同举办的最终研讨会上，各个机构描述了在自身层面产出的成果，这不仅是因为他们参与了机构层面的活动，还因为他们也参与了位点层面的活动（围绕特定价值链组织的参与者联盟：豆子、蜂蜜、鳄梨或可可）。这些影响位点层面的活动显得更加重要，尤其是当机构在其中扮演了位点能力建设促进者一角的时候。

4.3.3　国家创新促进者培训方案的执行力

作为对创新位点市场指导的一部分，我们通过课堂和边做边学的方式对国家创新促进者进行培训。来自研究中心和政府机构的国家创新促进者接触到了大量新的工作方式。作为研究人员或公务员，一些国家农民协会与农民平等接触和工作的机会有限。虽然有些人会觉得不适，但他们都认为从农业创新系统中的能力建设项目中学到了宝贵经验，并表示会在日常工作中使用这种方法。

在埃塞俄比亚，技术专家（如农学、育种、兽医科学）和参与研发的人员的软性技能有限，这些技能诸如促成合作与推动进度、提出理念倡导、构筑工作关系网络、参与式学习工具的使用等。农业创新系统能力建设提供的软性技能培训迅速提高了国家创新促进者的能力，甚至影响部分国家创新促进者进入了新角色而不只是原来的专项专家。这些经验揭示了政府应当加大资源投入，为研发人员提供软性技能培训，以提高他们的技能水平，改变他们的态度。这将帮助他们从狭隘的理论研究转向实际参与。这种方式可以让他们在分享自己知识的同时，也向系统中其他参与者学习。

在孟加拉国，孟加拉国农村发展学院（BARD）为政府官员提供了能力建设培训，包含农业推广部门（DAE）和非政府组织的工作人员。孟加拉国农村发展学院的工作人员确实具备某些重要的相关技能，但是他们很少与农民一同工作，倾听农民的意见并支持农民的解决方案（与农民沟通不是他们的职责，而是推广官员的职责）。创新与个人管理训练课程开发了一系列的软性技能，这些课程是开发推广官员能力的有力工具。为了确保孟加拉国农村发展学院的员工将农业创新系统能力建设的方法论融入日常工作，他们接受了成为国家创新促进者的培训。这一培训过程有助于推广农业创新系统能力建设的方法论。将孟加拉国农村发展学院和农业创新系统能力建设项目二者间的协调员提拔为人力与培训总监可能有助于保持职能能力的重要定位。

4.3.4　市场活动

为匹配供需，将创新支持服务提供者与创新位点对接，需要组织一系列的市场活动。一方面，市场活动为政策制定者提供了了解现有创新生态系统和将创新参与者相互连接的新方法。另一方面，市场也为创新支持服务（ISS）提供者提供了满足其和创新位点间共同利益的机会。因此，市场成为系统层面上的桥梁和学习机会。

4.3.5　政策对话是一个循序渐进的过程

通常来说，政策对话是逐步组织，并作为一种集体性的共同决策过程加以推动。创新位点伙伴关系的成员受到政策对话过程的启发，开始了解对于他们所处的特定位置或利益链中，对创新有影响的政策背景以及该政策的利弊、政策的执行力度以及法律法规。以技术与管理的双重角色参与可以使得参与者以一种较为全面的方式讨论和政策相关的议题。通过反复准备、审核和验证的过程，参与者的力量不断被加强。参与者不仅会更加在意他们所扮演的角色，也会对自己的角色有更深刻的理解，还会更加在意如何取得理想的结果。由此而来的结果就是个体参与者间相互连接的能力，以及个体参与者影响政策制定者的能力成为政策对话的重要成果。因为地方权威部门更了解本地的情况与需求，所以当地或位点层面的政策参与者和创新位点伙伴关系可以有效地影响政策进程。但让国家决策者了解当地实情也同样重要。

政策对话的总体成果是增强了对话双方间的信任与信心。参与者可以从中感受到自身的责任，并认识到不同身份的参与者起到的作用。这种责任感和认知的增强反过来可以优化参与者对资源的利用效率，从而提高位点的竞争力。

4.3.6　领导人和外部人士是能力建设在系统层面取得成功的关键因素

集体能力建设活动在系统层面产生成果方面发挥了重要作用。但是每个国家都有人指出，有些领导人和外部人士发挥了决定性作用。

在孟加拉国，由于缺乏国家层级农业创新系统的领导力，阻碍了农业创新系统能力建设方法的发展，而在老挝，全国人民代表大会的领导作用是决定性的。

在布基纳法索，前农业部长的领导作用是促使"正确"的参与者加入市场和政策对话。此外，由于他已经退休，并曾任国家农业研究中心主任，在多方利益相关者研讨会上他是一个局外人，可以自由合法地批评政府行为，提出建议。

一些来自私营机构的非传统参与者也应邀参加了会议活动并借此机会反馈

了农业创新系统中无效的部分，同时还提出了针对关键问题的解决建议。

确定和动员外部人士以及领导人也是项目执行小组在系统层面中一项非常重要的"能力建设"活动。

4.4 改善位点的环境

各种活动需要在多层面展开（位点、组织、国家创新促进者与决策者），而系统层面的改变是来之不易且后发的。

因此在农业创新系统中的能力建设项目结束时，在系统层面扩展的成果和影响相当薄弱或根本不存在。与之相反，我们确定的是农业创新系统参与者获得的知识在未来可能对改善创新位点伙伴关系环境做出贡献。

在安哥拉，农业创新系统能力建设的受益者认为，创新能力发展过程具有包容性和参与性，态度不可能在短期内改变，因此必须更加坚决并且扩大（地理意义上的）覆盖范围。孟加拉国也得出了类似的结论，那里大多数参与者强调这是一个漫长的过程，因此没能观察到重大变化。

在埃塞俄比亚，该项目未能立即影响到公共研究、教育和推广组织将这一方法制度化。最近开展的农业创新系统能力建设中的组织能力建设工作主要针对埃塞俄比亚农业研究院（EIAR）和农业部，这对实现这一目标有巨大帮助，但该项目尚未在这方面显示出实质性成果就结束了。

然而我们注意到，农业创新系统能力建设实施的国家团队（项目经理、国家创新促进者、项目协调者所在的欧洲农业知识发展联盟联络点），在理解系统瓶颈和可能的变革路径方面取得了重要成果。国家团队在项目结束时在系统层面提出了改进的能力建设策略。此外项目结束时还收集了大量证据，这些证据表明了对位点有利环境的主要影响因素。

4.4.1 通过对标政策开放位点的商业环境

为开放位点市场的商业环境采取的一些行动如下。

在埃塞俄比亚，经过政策对话活动期间的讨论，教育部统一将牛奶纳入国家学校膳食战略。亚的斯亚贝巴（Addis Ababa）曼尼里克（Menilik）中学的位点成员组织的学校牛奶日证明了一种显著的态度变化：牛奶被认为是学校儿童最基本和最容易获得的食物。一些捐助者表示有兴趣资助一个将牛奶纳入学校膳食的试点项目，并成立一个筹款委员会。

有关危地马拉的《税务清单》[①]（*Listado Taxativo*）的政策规章发生了重

[①] 这种环境影响税通过政府 137—2016 协议引入，目的在于减少环境污染，维持生态平衡。

大变化。蜂蜜生产者的税收负担已经包含增值税和所得税。最初起草《税务清单》时，人们认为蜜蜂污染环境，因此养蜂人每年要支付 5 000 危地马拉格扎尔（约合 650 美元），这对养蜂人来说是一个很大的负担，降低了他们的竞争力。国家政策对话期间讨论了这一问题，危地马拉国家农业发展委员会（CONADEA）与农业、牲畜和食品部（MAGA）就《税务清单》对蜂蜜价值链的负面影响问题展开了讨论。

在洪都拉斯，在地方权威部门的支持和参与下，通过部门的"香气文化"咖啡交易会和特品咖啡比赛，创造了新的咖啡市场，咖啡位点市场因此受益。此外，由于生产者群体参加了与政府和粮食安全委员会的各类政策对话活动，才使签署关于马铃薯竞争力框架协定成为可能。市长办公室作为创新位点伙伴关系中的一员是实现这一目标的关键。

4.4.2　通过与研究部门更好地沟通以解锁位点的技术环境

在这八个国家，系统层面的一项主要扩大成果涉及研究部门和生产部门间的联系。农业创新系统能力建设方法引发了农业研究范式的转变：一些研究中心承认，它们必须面向社会开放实验室，支持研究人员进入创新生态系统，鼓励研究人员与寻求新方法的公共团体、个人或民间团体共同创造，并帮助研究人员以尽可能好的方式利用研究成果，特别是在研究成果能够创造价值的情况下。

4.4.3　提高创新支持服务提供者的可见度和响应性

农业创新系统中的能力建设项目使创新支持服务提供者的概念得以传播，并使它们在国家活动和位点活动中可见。与此同时，对选定的创新支持服务提供者们进行有组织的指导能增强他们提供响应性服务的能力。

每个国家都选定了不同类型的创新支持组织，从传统的研究、教育和公共部门的推广组织，到部门间协调，再到专门从事创新支持的私营孵化器。

通过培训过程确定并发展了创新支持服务提供者所需的三种主要能力：组织能力、响应性提供服务的能力及与其他创新支持服务提供者联系的能力。

这种组织能力建设的结果是非常不同的，从几乎没有可见的影响到对组织愿景、战略和行动的影响。这种广泛的结果主要取决于两个因素。

第一，指导过程在项目中开展较晚，理想情况下需要更充裕的时间和更广泛的工作。指导技能的类型和位点层面不匹配，这需要确定和培训新的协调员以组建农业创新系统能力建设的指导团队。

第二，支持与协调位点的创新支持服务提供者会成为一个挑战，这点没能被预料到，因为这个能力建设层面并未含在热带农业平台共同框架内，而是嵌入在组织层面。

但是，能力需求评估阶段有助于深入了解在地方和国家两个层面发展适当的创新支持服务和建设这类组织能力面临的挑战。已确定的组织一般只专门提供一种对创新位点的支持：原型设计阶段的支持（孵化）、试验阶段的支持（行动-研究项目）或推广阶段的支持（推广服务）。此外，一些支持服务仅围绕创新领域（如数字农业、有机农业、灌溉或木薯价值链），或仅在特定地理区域运营，这解释了创新支持服务的"目标指向性"生态的存在。

根据这一观察结果，项目执行者确定了与创新支持服务提供者协作的需求，从而加强或建设位点周围的地方支持服务生态系统。理想情况下，在项目伊始就应确认这一需求，以便更好地确认现有的支持服务生态。此外，在政策对话中列入协调和伙伴关系的问题是有必要的，这将为创造有利的体制环境提供便利，使创新支持服务提供者可以改善服务的可获得性和响应性。

因为未曾被涵盖在热带农业平台共同框架中，所以农业创新系统中的能力建设项目实施者对国家与位点维度的问题和挑战始料未及。因此该项目的一个主要成果是项目执行者设计了新的规划与方案以开发创新支持服务提供者的能力，并以此使农业创新系统对当地和国家层面产生持续性的积极影响。

4.5 农业创新系统方法的制度化

农业创新系统能力建设为试点国家将农业创新系统方法制度化铺平了道路。在这方面，这八个试点国家可以得出两种主要观点：支持草根协作创新作为技术转让的替代方案，以及建立一个负责国家农业创新战略的跨部级机构。

4.5.1 支持草根协作创新，作为技术转让的替代方法

通过创新位点的追踪、筛选与培训过程使得农业创新系统参与者承认了内生性创新举措的存在性与复杂性。在市场活动中推广创新支持服务提供者体现了国家力量支持草根创新。政策制定者洞察地方创新生态，从而为国家问题提供有效的解决方案。政策对话为不同的参与者了解彼此的角色、职责范围、限制以及各自对各自供应链的贡献铺平了道路。基层从业人员参与协商过程，确保了政策与地方解决办法的一致性，大大加强了各级行政部门之间现存的薄弱关系。

例如安哥拉，在农业创新系统中的能力建设项目之前，人们普遍认为创新只适用于重大技术变革。他们对社会和组织的创新以及如何监测这些创新一无所知。国家创新促进者现在已经能识别从最简单到最复杂的各种类型的创新。

在孟加拉国，在孟加拉国农业研究协会（BARC）的协调下，成立了国家

技术转让协调委员会，探讨了采用农业创新系统能力建设方法的可行途径。现已有计划将鱼类和家畜、农产品加工、农民代表和其他类型参与者纳入委员会。

在埃塞俄比亚，农业部是从事农业创新系统能力建设活动的主要部门，在项目结束时很明显的一点是，让技术部共同参与可以更好地促进系统层面改革。但是该部门在农业创新系统中的能力建设项目接近尾声的时候正在进行重组，几乎没能做出任何使其加入的努力。为了能够在系统层面做出重要改变，未来创新相关的国家项目应该让技术部参与其中。

4.5.2　国家层面设立协调委员会、平台或跨部级小组的需求

八个试点国家中有许多国家在国家层面没有设立健全的、可用于能力建设的多利益相关方伙伴机制。在国家层面创造时空条件，让利益相关方聚在一起学习是非常有挑战性的，也需要相当长的时间。

在孟加拉国，为了推动农业创新系统能力建设方法的实施，还需要进一步的投入，使决策者、部委官员和主要利益相关方能够共同评估所取得的成果，并制定一项行动计划以支持国家政策和目标。可以考虑为欧盟的"农业研究中的智慧创新发展项目"或类似项目投标以获得资源。为了获得政府或资助人的资助，可以让大家共同准备一份项目提案。应该在孟加拉国农业研究协会内委任一名农业创新系统能力建设项目的协调员，这名协调员可以是已经身在项目中的创新小组的成员。

在安哥拉，政策对话期间讨论的问题之一是农民组织（私人实体）的重要性及其与国家的联系，以便在全国范围内建立一个强有力的农村推广方案。会议还建议建立一个多主体平台，以帮助实施促进农业创新的推广计划。

在危地马拉，作为国家创新系统的一部分，农业创新系统能力建设促进了国家农业创新平台的形成，以支持现有的"国家研究、创新和技术转移子系统"（SNITA）。这个新生平台包括来自公共和私营部门的创新倡议的代表。在有了萨尔瓦多、危地马拉和洪都拉斯的农业创新系统能力建设项目经验之后，泛美农业合作协会（IICA）组织了一次研讨以讨论洪都拉斯和萨尔瓦多共同提出的一项议题。议题内容是关于扩大创新平台覆盖的地理范围。

5 对比影响途径获得的观点

我们确定了在位点和系统层面，不仅影响路径不同，成果产生的速度也不同。通过对比不同模式下的背景-机制-成果，我们确认了农业创新系统能力建设的主要干预后影响路径。基于这些发现，我们总结了在多样性的环境下实现农业创新系统层面变革的"最佳路径"。

5.1 农业创新系统能力建设项目后影响路径和改变理论的完善

图 5-1 显示了通过比较、合并八个国家的项目后影响路径得出的农业创新系统能力建设后影响路径和相应的改变理论（ToC）。位点伙伴关系、提供创新支持服务的机构、提供创新支持服务的个人与组织在内的政策参与者，以上三个层面是极有可能在农业创新系统能力建设中被观察和评估的。

以下各节提供了针对影响路径各个部分的观点，以及项目后改变理论的基本原理。

5.1.1 农业创新系统能力建设项目后影响路径

本部分我们将解释关于农业创新系统能力建设项目在影响路径方面的贡献程度，同时我们也指出了影响路径上的主要阻碍因素。

各种能力开发活动是在位点层面、组织层面和政策层面的项目输出结果。通过持续性的指导和政策对话过程，能力开发活动不仅对首要成果有所贡献，还对扩展成果有一定的贡献。首要成果主要指个体和集体学习农业创新系统思维、开放式创新、负责任的创新和受益者多样化带来的挑战。这类学习从集体的角度看是非常重要的，因为这些学习经验可以作为个体和机构修正活动计划或战略的参考。这被称为转化式学习（Mezirow，1991）。职能能力的必要性

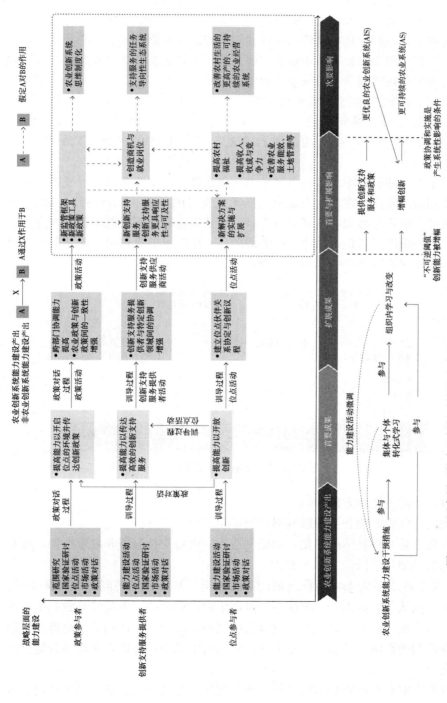

图 5-1　国家层面的农业创新系统能力建设后影响路径（上图）和变革理论（下图）

资料来源：众作者。

在多受益人参与的研讨会中被广泛承认。如果没有系统层面的改变，创新就不会发生，也不会为个人和机构创造动力，更不会改变个人和机构的行为方式。最普遍被关心的问题是如何使用农业创新系统思维和创新方案中的新知识，尤其是基于实证的知识改善农业创新。因此基于培训、实践学习和知识产出的能力开发措施在转化式学习阶段至关重要。

知识、动机和通过桥接机会获得的赋能，为组织层面的可持续性转型创造了所有条件。换句话说，这为可能的扩展结果开启了路径，这条路径对应诸多具体变化，如机构的工作方式、提供服务的内容、监管框架或知识。

除了在一些国家中由机构自己发力催化之外，首要成果向扩展成果过渡是由农业创新系统能力建设的干预措施推动或支持的。这些干预措施包括培训、举办活动、政策对话以及国家平台等。但干预措施总是需要调动各机构自身的资源，例如调度其工作人员执行内部活动。一些国家的机构由于缺乏资源导致了首要成果向扩展成果转化不畅（图 5-2）。

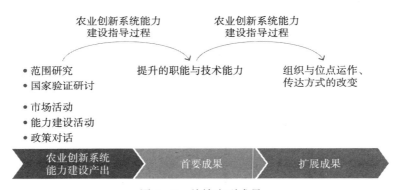

图 5-2　从输出到成果

（1）不同的影响方式

我们将首要影响和扩展影响同系统影响进行了区分。

首要影响是指具体的变化，如提供适当的创新支持服务和政策框架，或是实施和拓展创新举措的过程与方法。

扩展影响是首要影响可能促成的有关社会、环境或经济问题的具体变化。合作伙伴确认了农业创新系统能力建设产生的扩展影响，主要涉及农业生产的变化，即产量、收入、生产力或竞争力的提高。部分国家还确认了对商业、创造就业机会的影响。后者主要指为现有孵化器中的创新促进者和指导者提供新的机会。

首要影响对扩展影响的贡献不是非常明显。即使某些创新以提高产量、收入、生产力或竞争力的形式产生直接影响，也无法就其对改善民生、性别平等、生活质量、福利或环境可持续性的贡献得出结论。例如性别相关的议题没有在任何位点得到彻底解决。

根据农业创新系统能力建设项目的多维度影响，系统影响可分为两方面：一方面是在社会、环境、经济问题上影响农业系统（AS）的"表现"；另一方面是在提供负责任的、有目的的创新能力方面影响农业创新系统（AIS）的"表现"。

由于农业创新系统能力建设项目的时长较短，所以无法确切地观测到项目产生的影响。因此关于各种影响之间联系的假设主要是根据国别小组所提供的一系列暗示提出的。

（2）从扩展成果到首要和扩展影响（图5-3）

在政策参与者和创新支持服务提供者层面，新服务和新指示是由各机构自发或在其他发展项目的支持下提供和下达的。因此，农业创新系统能力建设项目在扩展成果向首要和扩展影响过渡期间发挥的是更为间接的作用。但是如果有更充裕的时间和资金，农业创新系统能力建设的干预措施也可以对过渡过程产生支撑作用。实施这些干预措施时需要和能力开发活动秉持相同的原则与方法。原则与方法的统一会使首要影响产生更好的效果。

由于大多数国家的项目在首要影响刚成形的阶段就已结束，所以很难确认这些新的服务或管理框架对位点参与者反馈的收入提高或产量提高的实际贡献与作用。根据位点参与者的描述，农业创新系统能力建设发挥了突出作用，但是要确定该项目的确切贡献还需要根据其他评估进一步了解情况。有可能其他同期项目也发挥了重要作用。

图5-3 从成果到影响

（3）从首要和扩展影响到系统影响

系统影响既关乎使得国家农业创新系统变得更敏感、更相关、更高效、更有效，也关乎使得农业系统更具可持续性。

在国家农业创新系统层面所引发的变化与农业创新系统思维的制度化有关。一些农业创新系统能力建设国家缺乏农业创新政策。农业创新系统能力建设项目在某些方面帮助决策者提高了对促进农业创新需要有相应的政策工具这一认识，这是完善创新体系的第一步。另一些已具备创新政策工具的国家所面临的问题则是如何使这些政策工具尽可能地满足位点参与者的需求。

对创新支持服务提供者的支持也因为创新支持服务提供者之间的新协议产生了系统性的变化。一些机构采用建立一个"使命向"的支持服务生态愿景。这些机构是由位点参与者为自身打造的创新议程所驱动。某些情况下，我们建议将这种生态系统锚定在一个优先将创新与农民社群相结合的地理区域内。

在农业系统层面，创新涉及几个方面，如耕作系统、加工业和育种系统。

农业创新系统能力建设项目期间，我们无法观测到首要和扩展影响向系统影响过渡的真实情况。我们不能确定农业创新系统能力建设是否足以在项目结束后产生这种影响。我们找寻一个"不可逆阈值"，该值是确保在没有其他农业创新系统能力建设项目支持的前提下，当前项目仍然会产生具有影响力的成果。我们认为，如果农业创新系统能力建设的受益者，不管是个人还是组织，在没有外部激励或利好的大趋势来发挥其新获得的职能能力的情况下，项目成果可能是可逆的。项目初期，农业创新系统能力建设的实施者扮演了激励的角色，并激发了农业创新系统参与者的参与积极性（见图 3-6 参与轮状图）。项目中的能力开发活动旨在为转化式学习与行动创造条件，即在对应农民需求和确保影响力的前提下，以集体的方式进行创新。

预计随着农业创新系统在创造上述有利条件能力的不断加强，外部激励的必要性会不断降低。因此随着越来越多的农业创新系统参与者，其中也包括机构和决策层面的参与者，掌控农业创新系统能力建设方法，来自农业创新系统能力建设项目本身的影响将会逐步下降。

因国家而异，假设在某一时刻，不可逆阈值将被突破，并确保农业创新系统正在得到全面优化。

我们认为一旦个体和社群通过转化式学习已经将原有的认知或行为转化为对未来的新规划、新战略、新实践举措以及某些核心机构的新日常运行规律，就意味着达到了不可逆阈值的临界点。这些核心机构是创新支持服务的提供者，也包括传统农业创新系统机构，如研究、推广和高等教育单位。这些机构的转变是可持续的系统性变化的关键。目标机构的类型可能因国家而异。在一些国家，研究机构在农业创新中的作用大于推广机构；在另一些国家情况则正好相反。在其他国家，非政府组织则发挥主导作用。所以必须事先妥当评估这些实体机构在支持创新方面的作用。

插文 3 提供一个埃塞俄比亚的案例。

➡ 插文3　公共研究、教育和推广机构的转化是实现可持续系统变化的关键扩展成果，以埃塞俄比亚为例

　　埃塞俄比亚的农业状况正变得越来越复杂。农业价值链中参与者数量和类型不断增加，参与者的目的性多样化，相互依存的需求性日益显化。在这种不断变化的背景下，可以说小农仍然是所有农业价值链的核心。但是公共研究和推广机构似乎没有明显意向将各种价值链参与者置入其蓝图内。根据法律规定，他们主要职责是与小农合作。然而对这些机构来说，应对不断变化的环境至关重要。因为如果公共机构能够服务于整个价值链，小农所涉议题就可以得到解决。例如，如果牛奶加工业增加牛奶收购量，小农就可以增加其产品的销量。因此农业部门必须在支持私营牛奶加工参与者发展时，和其保持利益一致性。但事实并非如此，不是因为公共机构缺乏兴趣，而是由于公共机构缺乏知识、技能和态度，无法动员相关的参与者进行集体学习、实验与实践。农业创新系统能力建设项目可以在这方面提供重要的经验和教训，因为该项目是以创新系统方法为指导。该国的能力建设、促进与管理创新项目的经验以及项目产出的文档都是该国的资产。这些资产为该国的未来行动奠定了基础。美中不足的是该项目没有足够的时间将项目影响在公共研究、教育和推广机构中制度化。农业创新系统能力建设中的组织能力建设活动主要针对埃塞俄比亚农业研究所（EIAR）和农业部。这些活动在实现项目目标方面发挥了作用，但该项目在取得实质性成果前就结束了。

5.1.2　农业创新系统能力建设项目后改变理论

　　贡献分析让我们得以描绘农业创新系统能力建设项目的改变理论（图0-1），该理论概念锚定于学习和行为变化理论。

　　参与轮状图（图3-6）是解释农业创新系统能力建设项目影响路径的关键，尤其是从首要成果向扩展成果的过渡过程。

　　职能能力建设所产生的行动转化源于更强的个人意识，这种意识增强了参与者的信心。集体实验则建立了信任感、让参与者们重新聚焦于创新目标。多样化的参与者使得农业创新系统具有延展性，这也更有利于创新。实现转化是通过将参与者聚集一处，在协调员（其本身即是项目输出）的指导下，为共同目标或挑战进行互动，同时为这种互动提供外部知识，如评估、培训、信息与建议。将过程分析结果反馈给参与者，从而最终产生首要成果，即内在的知识、动机与赋能。

随着这些首要成果的增加和巩固，整个团队在平等和信任的基础上可以进一步分析和细化创新的目标。这反过来也为参与者们提供了沟通机会，使其能够以更强的信心和更强的能力管理其创新议程与战略，不断与团队外的重要潜在参与者进行接触，以更好地实现动态目标。包括通过倡导和对话在政策层面引起的变化在内的各种势头为扩展成果提供了条件。因此，扩展成果在位点层面以能力提升的形式呈现，对农业系统和创新形成重要影响。与此同时，这些在决策者和组织层面的能力建设成果促进了创新支持服务的完善。在全球农业创新系统路径中，这些首要影响将在项目结束后产生长期影响，诸如改善生活水平、性别平等、生活质量、福祉或环境可持续性和系统性影响，并在规律性的创新支持下实现农业系统转型。这些长期和系统性影响本身则更有可能出自农业创新系统性能的提升。

上述结果表明，原始的热带农业平台共同框架并不完全符合这些国家的实情。根据原始框架中的观点，位点参与者为了扩大创新规模应该适应并参与到"主流社会与技术体系"中去。与该观点相悖的是，每个位点参与者独自通过国家农业创新系统参与其位点活动，改善了创新环境，从而影响到支持服务的提供和政策进程。这一过程使得包括职能和技术能力在内的创新能力得以扩展。在三重路径的三个战略层面上，位点都扮演了一种改变上层的关键触发点的角色，同时创新支持服务提供者带来了新的具有可持续性的创新支持服务，而政策参与者则对政策框架进行调整，以适应创新者与创新支持服务提供者。上述的参与者和变化共同构成了一个综合的有利环境。这一结果为改变理论提供了新的视角，并表明了确定和达到不可逆阈值的重要性。一旦超过这个阈值，农业创新系统能力建设项目将继续传播其影响。

我们对农业创新系统（AIS）、农业系统（AS）和农业创新系统能力建设（CD for AIS）这三者间的关联和变化有了新的认识。农业创新系统能力建设方案自成体系，该体系为资源、方法和相互关联的机构提出了一个有着共同目标的整体架构。国家创新促进者关系网、指导团队和农业创新系统能力建设项目嵌入国家农业创新系统中的管理办法在构建该系统时发挥了重要作用。成果和影响不仅是项目人员努力工作的结果，更是全体参与者共同努力的结果。这些个人和机构在项目工作人员制定的激励措施下，有目的地带头进行改变、动员与合作。

我们证明了农业创新系统能力建设可以在两个层面上产生影响，即农业创新系统层面和农业系统层面。农业创新系统能力建设旨在创建一个高效的国家农业创新系统，但它必须通过对农业系统产生具体、积极影响的创新举措来实施，以激发农业创新系统参与者在系统改变中的积极性。

这些参与者都是在一个短期发展项目的框架内由单一国际捐助者资助，这就会导致该系统的可持续性出现问题。考虑到一些国家还没超过不可逆阈值，如果要保证农业创新系统影响力的可持续性，那么就得持续维持该农业创新系统能力建设举措的开展与实施。

农业创新系统能力建设项目执行者提出的巩固项目成果方案包括创建或加强一些支持创新位点伙伴关系机构的职责，如孵化器。这些机构可以承担农业创新系统中的能力建设项目所扮演的角色，以此继续提供培训服务、培训创新促进者或为机构间牵线搭桥的活动，诸如市场或政策对话。

5.2 催化背景因素

许多农业创新系统能力建设的受益人指出，农业创新系统能力建设正在努力推动的能力建设过程极其艰难与漫长。在安哥拉，他们认为能力建设的过程应该具有包容性与参与性，态度转变在短时间内难以实现，因此必须更加坚决地扩大地域覆盖范围。在孟加拉国，大多数农业创新系统能力建设的受益人也强调了在有限的变化背后是漫长、缓慢的过程。

我们确定了两类背景因素，它们可能会加速农业创新系统能力建设项目对国家农业创新系统转型的影响，甚至增强项目的影响力（图 5-4）：

- 国家层面对农业创新系统思维的开放程度；
- 农业创新系统能力建设项目实施人员在现有创新体系中的嵌入程度。

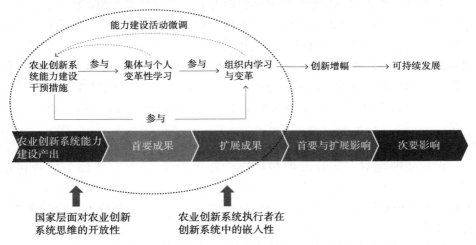

图 5-4 国家层面催化农业创新系统发展影响路径的背景因素

资料来源：众作者。

5.2.1 国家层面对农业创新系统思维的开放程度

最重要的是，农业创新系统能力建设项目确实促进了这八个国家的"农业创新系统思维"。项目期间，各国对"农业创新系统方法"或"农业创新系统思维"的理解和运用程度各不相同。

例如，在孟加拉国，项目运作最初的受阻因素如下：缺乏对农业创新系统能力建设的相关了解，不熟悉以项目为支撑的扩展对话、反思与分析，这并不等同于技术培训或技术。在项目伊始，习惯传统技术转让模式的人没有认识到加强职能能力的重要性。

以此看来，在一个技术转让模式根深蒂固的国家，让参与者在开始农业创新系统能力建设项目之前接触更集体化、开放化的创新方法尤为重要，并以此确认农业创新系统能力建设项目的实施难易程度和成果产生的速度。

（1）技术转让模式的盛行

在孟加拉国，技术转让模式影响了对创新如何发生的思考。在该模式中，假设科学家开发的技术被移交给推广服务，并通过单向的过程交付给用户。这限制了农民了解技术局限性以及他们呼吁解决这些局限的求助能力。有限的创新资源也导致关注者聚焦于具备资源优势并且以商业性目的为主的男性农民。农业研究与推广系统往往是围绕科学学科和特定子类别，而不是农业系统，但农民不得不在三个种植季节应对复杂的复合作物种植并兼顾渔业和畜牧业，才能保障家庭粮食安全、创收、维持现有资源质量等多个目标。

公共推广系统与小型生产者的接触面有限，尤其是渔业和畜牧业。公共推广系统与研究机构、非政府组织以及捐助者资助的支持农业部门的项目交流也有限。国家农业创新系统并没有真正利用系统性的互动。政府与民间的联系也很有限。在支持农业和利益相关方适应挑战或机遇方面，公立和私立研究实体机构与大学间的联系没有得到充分利用。非政府组织与一些最贫困的农户，特别是妇女进行合作，但没有国家级的平台将它们与公共服务提供者连接到一起。

（2）曾经接触过的开放式创新方法

在布基纳法索，受益者创新平台已经存在了 15 年，在能力需求评估（CNA）第一阶段结束后，多个参与者很快参与了合作进程。研究人员、推广人员、非政府组织和一些私营公司彼此熟识，在问题评估阶段可以顺利分享各自的观点。

例如在"土地契约"位点的能力需求评估期间，几个政府相关部门协调能力的重要问题被提出，并在所有直接相关人员均在场的情况下进行了讨论。位点参与者提到了建设项目的一些负面影响，这些影响妨碍了一项扩大地方土地使用权的国策。这些参与者表现出了高水平的职能能力，这得益于诸多过往的干预措施。位点主体承认农业创新系统能力建设并不能真的帮助这些位点参与者：即使能力需求评估是一项有价值的训练，但支持培训、指导众多市政团队实施新的"地方土地章程"则需要一个更庞大的计划作为工具。此外，聚焦于提高组织能力似乎对部分参与者更为有用。合作能力已经得到良好开发的位点面临更多的挑战则是如何巩固核心领导机构能力，而非支持位点参与者间的互动。

不出所料的是，在那些已经建立了农业创新系统概念、能力建设与农民组织以及受益人合作平台的国家，以及公认需要在国家农业创新系统中设置能力建设未来规划的国家，更容易开展工作。相较之下，在农业创新系统思维欠发达的国家解释农业创新系统能力建设的目的和好处具有一定的挑战性。在这些国家，技术转让模式的发展是由国家资助的研究人员和推广人员推波助澜的。在推广与研究中有限的实践机会阻碍了价值链参与者实施农业创新系统能力建设项目。

5.2.2　农业创新系统能力建设项目实施者在现有创新体系中的嵌入程度

跨国分析告诉我们，项目经理、国家创新促进者和指导团队成员在现有创新体系中越靠近权力核心，并且有权力的人越多，农业创新系统能力建设项目就越能实现更丰硕的成果。这种观察涉及项目的组织嵌入性这一概念（Lawrence et al.，2002）。

（1）农业创新系统能力建设国别管理团队的嵌入性

孟加拉国是一个父系（男权）社会，男性不习惯与女性平等工作。然而，农业创新系统能力建设项目管理团队中超过70％是女性。孟加拉国男性不愿与女性一起工作的情况在一名欧洲男性培训师的加入后得到了明显缓解。男性国家创新促进者对这名男性培训师的反应较之前相比非常不同，他们很快就和这名男性培训师建立了联系。

这个故事告诉我们，要改造一个系统，随着成果的出现、心态与实践的变化，循序渐进是一个更有效的策略。在布基纳法索，一位有影响力的前农业部长（他也是公共农业研究机构的前负责人）参与了位点和系统层面活动的牵线工作，为这些活动的开展提供便利，并鼓励参与者积极参与到项目中去。在参加了几次项目活动之后，他宣布在活动中学到的东西让他彻底改变了对开展农业研究和创新的最佳方式的看法。他认识到在位点和政策层面上，需求驱动和过程主导的方法极其重要，这反过来要求研究机构改变自身的运作方式。他成为农业创新系统思想的有力发言人，他帮助农业创新系统能力建设项目的实施人员打通了很多关节，并倡导在政策层面上做出改变。

在老挝，令人印象深刻的是，由于农业创新系统能力建设国家项目协调员在与其他农业创新系统核心机构共享项目领导权方面表现得极其开放，因此机构间营造出了一种非常和谐的氛围。这使得众多受益者认可并承诺使用农业创新系统能力建设方法，从而证明了在实施改变性质的项目时选择一个"领头羊"的重要性。

（2）农业创新系统能力建设中创新促进者的嵌入

国家创新促进者的机构从属关系也是成果产出的关键因素。

在孟加拉国，受邀成为国家研究人员的主要是政府的研究人员。他们具备一些重要且相关的技能，但不太习惯与农民一起工作、倾听农民的意见及支持农民提出的解决方案。与农民互动不是他们的职责，而是推广人员的职责。通过培训和接触，国家创新促进者对自己的促进技巧和方法更有信心。国家创新促进者中的大多数人没有恰当的知识和技巧，甚至也没有时间向位点提供特定的能力开发培训，因此必须外聘人员来做这件事。此外，如果国家创新促进者属于某些政府机构，与位点参与者建立信任关系就更不易。一方面，提高这类农业创新系统参与者的能力非常重要；另一方面，提高能力这一过程也减缓了项目的实施进程。

其他国家的情况也很相似。由于各部门的项目安排，国家创新促进小组的定位并不灵活。在某些情况下，这会导致国家促进者的高更替率，并减缓项目的实施和成果产出。有些国家赞成使用"外部"独立顾问作为"创新促进者"，以确保项目的及时执行。但反过来，这也在某些方面切断了农业创新系统能力建设项目与国家创新系统间的联系，使得咨询人员更难以在项目参与者和国家创新系统间建立联系，并确定项目战略。这些咨询人员在国家农业创新系统中的嵌入程度不足，获信任程度不够，甚至未能获得农业创新系统参与者的认可。

5.3　与项目执行方相关的阻碍因素

农业创新系统能力建设方法的设计很灵活，适合能力开发所需的环境特点。因此我们认为不存在背景方面的阻碍因素，而是农业创新系统能力建设方法自身的弱点阻碍了其满足能力建设需求。

当位点、组织和国家三个战略层面上能力开发行动不能充分协调统一时，就可以确认是项目执行方式造成了阻碍。它们与项目内部机构、能力开发活动的一线执行以及项目外部伙伴关系等困难有关（图5-5）。我们特别注意到，缺乏能力开发的未来规划目标，以及三个战略层面之间缺乏联系（我们想改变什么，为了哪些人，如何改变）导致了项目实施减缓，阻断了参与者与核心参与者解决系统层面问题的机会。在及时设计和规划大量不同层面的能力开发活动方面的困难妨碍了能力开发活动间的连续性，导致一些参与者过早退出了活动。最后，由于其他同期的发展项目缺乏协调统一，活动和参与者的数量或类型无法达到改变系统所需的临界值。

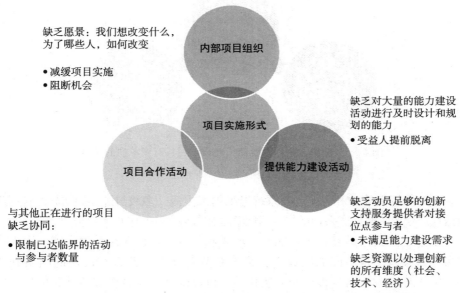

图 5-5　国家层面农业创新系统能力建设影响路径中的阻碍因素
资料来源：众作者。

5.4　提高农业创新系统能力建设项目变革性影响力的行动

在农业创新系统中，没有单一的方法可以促进变革性的改变，但有些行动可以增加产生变革性影响的可能性。我们强调了一些源自项目后影响路径、改变理论（ToC）和助长因素的行动。

图 5-6 概括了我们认为的使农业创新系统能力建设项目具有变革性的三个关键策略，即农业创新系统嵌入式与参与式的项目架构，需求导向方法，以及多级与过程导向方法。

农业创新系统嵌入式与参与式的项目架构依赖于参与结构与规则。其结构与规则允许多样性的农业创新系统参与者在较长时间跨度内进行建设性的互动，这个时间跨度甚至超出了项目本身的生命周期。需求导向方法包括设计按需支

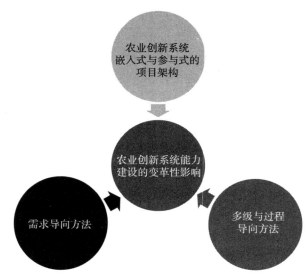

图 5-6　使农业创新系统能力建设项目具有变革性的策略

资料来源：众作者。

持、同时将职能能力和农业创新系统思维纳入主流。多级与过程导向方法包括实施迭代产生的阶段性成果，增加变革性学习和参与度，并中止无效努力。

　　上述三种策略是互补的，能产生成果和影响力，但无法单独实施。嵌入式和参与式架构使得不同的农业创新系统获益者能看到并宣布成功的结果和影响。需求导向方法与过程导向方法相结合可以降低参与者脱离活动和项目的风险，以保持项目架构的完整性，这种风险常见于收益和关注点较为多样化的情况下。多样化的农业创新系统参与者的参与有助于确保开展更多的能力开发活动，并增加发生系统性改变的可能性。

　　这些策略和可能采取的催化行动可在今后类似农业创新系统能力建设的干预措施中加以改进。表 5-1 对这三种策略的目标、实践中的挑战、风险和可能采取的催化行动提供了见解。

表 5-1　转化式农业创新系统能力建设项目的实施策略

策略	农业创新系统嵌入式与参与式的项目架构	需求导向方法	多级与过程导向方法
定义	创建结构、定义参与规则，以允许多样化的农业创新系统参与者在较长、甚至超出项目周期的时间跨度内，进行建设性的互动	按需设计迟滞，同时将职能能力和农业创新系统思维纳入主流	在终止无效努力的同时实施迭代行动，逐步促进转化式学习、提高活动参与度

（续）

策略	农业创新系统嵌入式与参与式的项目架构	需求导向方法	多级与过程导向方法
目标	寻求多方的共同努力，这些个人和机构通过项目工作人员制定的奖励措施主动带头改变、动员合作	激发能力开发需求，利用反思性分析方法将需求转化为能力开发需求	伴随着能力开发进程的 3 个重要影响： • 职能性创新位点的建立 • 恰当的创新支持服务生态系统的建立 • 适宜的创新政策框架的建立
实践中的挑战	在采取行动前对国家农业创新系统有充分了解	重点关注创新参与者面临的具体问题和限制，而不是讨论职能能力，尽管职能能力是项目行动的核心	在不同层面上管理同步、分布式的能力开发进程 接受现阶段的不确定性与风险
风险	不同的农业创新系统参与者以一种妨碍协调的方式对农业创新系统思维有不同理解	由于项目限制，无法满足需求	有限的成果与影响 受益者的退出
可能采取的催化行动	• 初始阶段制定一个具有包容性与丰富信息的计划 • 为项目管理分配领导权 • 与具有类似倡议的其他捐助者或项目执行者建立早期伙伴关系 • 确定一些能够作为领导者或外部触发农业创新系统变革的关键人选 • 在政治议程中使项目活动具有可见性	• 使用评价标准选择"需求者" • 建立衡量和监测能力建设的 MEL 系统，同时提高反思能力 • 提供广泛的技能和能力开发活动以及时满足需求	• 制定由第三方（促进者）协助的受监测的训练计划 • 以指导计划为条件提供资助 • 将由针对性的干预措施（如一些关键组织或位点的能力建设）与上层的战略思想与方法相结合 • 设置非定向资金，以在动态过程中调整项目活动

资料来源：众作者。

5.5　实现影响：基于项目、基于国家和国际化的方法

我们对成果产出和提高影响力的机制的研究成果提出了这样一种质疑：传统的、时间有限的、预设框架的项目机制是否能成为农业创新系统能力开发方案的有效助力。

横向分析表明，农业创新系统能力建设项目在八个试点国家中都促成了各种成果。这些发生在创新位点的微观层面、创新支持服务机构的中观层面以及

政策制定者的宏观层面。这些成果要么是"首要的"，当它们涉及一些个人、一个特定的机构或政策层面上数量有限的人的时候；要么是"扩展的"，当它们横跨不同类别的参与者，在三个层面上共同产生影响的时候。在这一点上，我们提到了"不可逆阈值"，这是用以衡量创新能力的分界点。农业创新系统的参与者在项目参与过程中获得了能力开发的经验。农业创新系统能力建设项目的多层次培训活动的必要性下降了，这些原本的培训活动必须由其他类型的干预措施进行补充或替代。

此外我们观察到，基于项目的方法在创建为创新者提供支持服务的企业或机构方面有明显的局限性。创业、创新和金融投资需要通过国家级的项目来解决，这些项目需要更大的投资、长期战略以及农业创新系统中各方的联动。

本部分我们将回顾如何通过以项目为基础、以国家为基础和国际化的方法，来更好地解决我们所面临的实际挑战。我们所感兴趣的三个实际挑战是：
- 如何在农业创新系统能力建设项目之外保持位点跟踪？
- 如何在一个国家开发、协调创新支持服务？
- 如何支持长期创新政策制定过程和系统变化？

本节将介绍在分享监测-评估-学习（MEL）结果的八个国家的最终项目论坛上，农业创新系统能力建设伙伴制定的建议。

5.5.1 如何保持位点追踪？

每个试点国家都经历了一个创新过程，以确定位点市场，并甄选出可以从农业创新系统能力开发过程中受益的人。

我们认为从现有的创新举措或需求出发是非常有效的，确保了大量参与者参与能力开发和位点开发的活动。

这一甄选过程也有助于在国家层面跟踪多样化的创新，并在国家未来规划座谈期间以某些形式促进这些创新。决策者通过评估当前的创新举措，可以意识到农业部门中哪些领域的问题正在得到解决，哪些领域可以提供有效的支持。创新支持服务提供者获得了对创新领域的洞察力，他们可以宣传自己的服务或新开发的支持服务。

在布基纳法索，我们与布基纳法索高等教育、科学研究与创新部（MESRSI）进行了探讨，通过促进当地定期的牵线搭桥活动或创新博览会以及后续的创新位点伙伴关系，来继续跟踪创新进程。从追踪观察的角度看，应向布基纳法索高等教育、科学研究与创新部提供具体的支持，让该发挥应有的作用。每个国家都可能有对应的方法来跟踪创新进程。一些创新支持服务提供者，如研究中心、非政府组织或推广机构也同样可以发挥这一作用。

5.5.2　如何在一个国家开发、协调创新支持服务？

作为一个项目，农业创新系统能力建设成功地帮助现有组织设计了各个适用于小范围参与者需求的新型支持服务。但是随着时间的推移，这些新服务的实施需要不同类型的支持，即一种更具有体制性和政治性的支持。例如布基纳法索的一个公共教育中心想成立孵化器，但这需要与监管部门就新的框架协议和合同展开谈判。这在项目的时间框架内是不可能完成的。项目方法在设计孵化器项目、工作人员培训方法、帮助教育中心获得新技术以及财政伙伴方面是有用的。孵化器的创建过程则需要更长时间的技术援助。在政策层面，需要改变教育机构在农业创新中的作用，特别是在建立区域创新生态系统方面的作用。这需要得到具体政策和程序的支持，可能还需要获得开发津贴。区域机构如非洲研究与推广机构，可以长期关注如何在一个国家内传播促进创新的技能和增设创新支持措施。

作为一个项目，农业创新系统采用了另一个策略，以解决一个国家对充分创新支持服务的需求。这个策略是更好地协调现有农业支持服务，为位点创造有利环境。农业创新系统能力建设项目扮演了桥梁组织的角色，特别是在市场活动期间。该项目确定并汇集了推广服务、研究机构、银行和非政府组织，使它们能在满足位点参与者的支持需求中找到自己的定位。这是一项困难的工作，因为农业创新系统能力建设项目如果不提供额外的激励，就无法真正地协调这些参与者。市场活动之后，参与者做出的积极支持位点市场的承诺需要位点参与者自行跟进。支持服务与位点参与者之间建立了一种新的伙伴关系，但它们需要农业创新系统能力建设项目工作人员额外投入大量精力并进行实践。在国家层面，如果支持服务生态系统已经足够完善，创新支持服务提供者之间为支持某些类型的创新建立了可见的、预先讨论过的伙伴关系，就可以提高协调效率。国家各部门的机构或公共机构可以在这些进程中发挥带头作用。在布基纳法索，科学研究与创新总局（DGRSI）与农业创新系统能力开发项目合作，开发了一个国家创新支持服务库。项目结束时，创新支持服务提供者在该部门的协助下举办了一个研讨会，旨在建立一个协调机制，并进一步思考如何在全国和整个创新领域扩大服务的覆盖面。这将形成一个很好的新项目，以跟踪农业创新系统能力建设的成果。国际层面来看，可以通过建设跨国的次级区域关系网以专门传递创新支持服务，比如非洲创新网。当一个国家缺少支持服务时，往往可以在邻国找到，例如孟加拉国、老挝、布基纳法索、洪都拉斯和危地马拉的发展支持系统小组所做的那样。

最后，将基于项目、国家和国际化的倡议相结合，有助于开发、补充或满足国家层面对充分支持创新服务的需求。

5.5.3 如何支持长期创新政策制定过程和系统变化?

政策层面,基于项目的农业创新系统能力建设方法主要有助于阐明需求导向的创新议程、提高对支持创新过程必要性的认识、对改进政策框架提出新见解和加强协调机制。通过制定农业创新系统能力建设的议程,农业创新系统能力建设政策对话使得所有农业创新系统的参与者都清晰表述了自己的行动。但是在政策层面的具体成果就需要在国家层面及全球层面将若干项目相结合,与现有政策议程保持良好的一致性。在创新需求方面,捐助者的议程并不总是与国家议程保持良好的一致性。农业集约化、小农农产品营销、有机农业规模化、农业支持服务数字化是各国农业创新系统能力建设主要支持的创新领域。

为了从不同的政治维度加强农业创新系统,应该及时地将更多的国家项目统筹在一起。国家和捐助者之间的联合创新议程应当受到支持和适当宣传。根据农业创新面临的挑战,需要同时处理研究、教育和政策推广问题。此外,必须采取有利于在有限创新领域创造就业和商业机会的经济政策。

从可操作性的角度出发,有人在系统层面支持能力开发进程的项目做出了一些提议。

为了将职能能力纳入主流,并加强农业创新系统在政治议程中的地位,一些发展中国家提议让民间社会参与其中。目标可以是倡导农民主导的创新和责任创新,并以此提高由政府、研究机构或私营单位推动的社会创新意识所带来的影响。这有助于对创新需求进行优先度排序,限制技术转让,从而为开放式创新创造更多空间。例如一些项目倡议开启科学与社会之间的对话,为民间社会的创新者和研究人员之间组织会议或架起沟通的桥梁。这有助于将研究人员的注意力转移到农民主导的创新过程上,并在针对需求进行创新的同时提高他们预测社会影响力的意识。

另一项提议是通过支持民主进程,加强民间社会在创新政策执行的后续工作中的作用。这可以通过非政府组织领导的项目来实现。

总的来说,许多项目都可以支持农业创新系统能力开发所倡导的系统性变化。然而农业创新系统能力建设团队之间共同关心的一个问题是能否从其他项目中总结过往经验,并在往期项目的基础上进行构建,而不是从零开始。从这一角度看,全球倡议的目标是超脱出项目和国家的范围,使得学自农业创新系统能力建设的知识和经验成为主流。国际组织或关系网络,如热带农业平台,可以通过投资知识资本和宣传来发挥其关键作用。国家研究机构和教育机构也可以发挥同等重要的作用,生产知识并将其传递给新生代。

在这种背景下,将农业创新系统能力建设项目中所学的知识与经验转化为国家级高等教育机构和农业培训中心的培训课程至关重要。

　　总的来说，与民间社会和教育部门合作的以项目为基础的特定活动有助于优化决策过程。跨部门间关于农业创新的政策协调则需要以国家为基础的方案来进行。制定联合创新议程需要一项包含项目捐助者在内的全球倡议，同时也需要超脱于项目和国家的主流知识与经验。

第三部分
升级热带农业平台
共同框架的建议

　　第三部分在横向分析农业创新系统能力建设的成果和变化机制的基础上，提出了升级热带农业平台共同框架的建议，以提高其有用性、可用性和适用性。

6 概念及操作的微调

热带农业平台共同框架为农业创新系统参与者带来了新的视角，但有时也会带来困惑和误解。本节对所使用的概念及其操作性进行了说明，并提出了一些明确的建议。这些说明与建议是基于第二部分所展示的结果之上的。

6.1 农业创新系统的概念与操作

不同国家和参与者对"农业创新系统"这一概念的解读不同。

一些人将其理解为一个不完整或不存在的统领性组织，这个组织需要从国家层面来设立。因此人们希望得到关于"如何"设置该组织的指南。从行动的角度来看，农业创新系统被"降级"到"政策与机构"维度，比如研究与教育系统、推广与支持农业发展的策略。缺乏可能的制度支持与政策设计导致了政策对话过程中的种种缺陷。

另一层面来看，一个农业创新系统方案就像一片滤镜，帮助位点参与者识别他们需要加入的复杂关系网络以开发他们的创新议程。

当在价值链方案被采纳的前提下，为了辨别目标生产部门诸如可可、豆类和马铃薯等部门中包含的不同获益者，例如学术圈、公共部门、生产者协会、私营企业等，农业创新系统框架被用于分析关系网络。农业创新系统和价值链被同化，一系列的方案有助于确定"创新位点"。虽然本质上并没有"创新"，但重点是市场机会、增产以及组织对生产者的技术援助。

最后，农业创新系统这片滤镜也被项目执行者用作农业创新系统能力建设干预措施的指导方法。它主要有助于揭示位点与其规章政策、支持服务、商业机会之间可能存在的联系。

在所有案例中，农业创新系统的概念首先对创新过程参与者的类别提出了新的见解。但参与者的动机和他们的最终目标并不总是很清晰，农业发展方案、能力建设方案和创新方案之间的区别也不明晰。在项目的某个阶段，这种混淆成为一些项目受益人前进的障碍。农业创新系统与农业创新系统能力建设项目所运行的能力建设之间出现了一些不匹配。这种不匹配也反映在政策对话中目标的多样性。在一些国家，政策对话的目标是改善特定的农业政策以促进农业发展，例如卢旺达。在其他国家，政策对话的目标是通过制定创新政策使农业创新系统思维制度化，例如布基纳法索。最后，在一些国家，政策对话的目的是建立一个基于创新促进者关系网络的制度化的能力建设系统，例如老挝。换句话说，"农业创新系统"的概念最终包含了三种不同类型的系统：农业系统、创新系统和能力建设系统。

因此强烈建议进一步说明需要支持的"系统"，并从能力开发的角度看待系统之间的关联，以便使农业创新系统能力建设方案既独特又实用。否则农业创新系统能力建设方案就会简单地等同于一种支持价值链发展的干预措施。这种措施侧重于职能能力，并以农业和商业技巧作为改变的核心动力。这意味着，如果不介绍农业创新系统方案所有的概念背景，就可以在项目开始阶段节省大量时间。与农业创新系统相关的新概念引起了大量的混乱，这些概念也并未能说明其与典型的价值链方案之间的区别。

农业创新系统另一个缺点是缺乏与发展议题的联系。发展和创新不一定表现为经济增长，而是改善生活质量和提高福祉、解决生态问题、改善社会态度与心态。我们必须能够理解学习路径是否可以解决问题，以及如何影响国家现有经济模式。目前还没有证据表明收入越高、营养状况越佳，也没有证据表明作物多样性会导致饮食多样性。因此应对农业创新系统框架内激发的创新进行深入反思，尤其是在环境、社会和经济挑战等方面。设想和建立"使命导向"的农业创新系统，将在强化农业创新系统思维和加强农业创新系统方面带来更高的效率。

6.2 位点的概念及其运作

在建立"创新位点"方面，我们面临许多困难。如何定义"位点"？其界定是什么？需要什么类型的参与者？

我们在实践中确立了一套选择位点成员的标准。标准包括：主要参与者的核心团队、与其他倡议方协同工作的可能性、可复制性与可持续性、与其他获益者建立战略伙伴关系的能力以及影响国家创新系统的潜力。

在将"位点"概念翻译成当地语言时遇到了困难。这些国家使用了不同的术语，以指代已有的相似概念，例如：

- 价值链中的群体（如洪都拉斯、危地马拉、孟加拉国）；
- 农民协会（如老挝、埃塞俄比亚）；

- 领土社区（如安哥拉、卢旺达）；
- 临时受益者伙伴关系（如布基纳法索、埃塞俄比亚）；
- 创新平台（如埃塞俄比亚）；
- 利于创新的关系网络（如布基纳法索）；
- 当地创新情况（如布基纳法索）。

➲ 关键建议1 进一步定义农业创新系统在特定国家的内涵和目标

农业创新系统框架没有为这个概念的可操作性提供足够的实践指导，即在给定背景下，农业创新系统方案没有意义。它应将发展、创新与学习问题联系起来。一项建议是帮助设立农业创新系统的目的和"使命"将确保农业创新系统能力建设方案的效率和所有权，并将在特定国家助长农业创新系统思维、改善农业创新系统方案。应该引入伦理问题和责任创新概念（是否所有创新都值得推广？），并与特定的创新支持服务挂钩，这将确保公民社会和潜在的"最终用户"，例如更广泛的粮食体系中的城市消费者，更好地参与农业创新过程。

此外应进一步强调"农业系统""创新系统"和"能力建设系统"在视角和方案上的差异，以帮助参与者获得如何实现可持续发展的新视角。在建立创新体系之前，必须先建立创新能力培养体系。参与者需要具备特定的职能能力和技术能力，这样他们才能使用农业创新系统思维来揭示本国农业系统可持续发展的优先目标。

最后，在使用外部项目为基础的干预措施以强化农业创新系统的背景下，为了详细阐述国家和资助者的联合创新议程，应当提出一个新的方案。这些方案应对各国创新战略与全球战略之间的联系起到支撑作用，如欧盟的《绿色协议》、非洲联盟的《气候变化战略》和联合国《2030年可持续发展议程》。

将一个位点设定为一种情况，还是将一个集群或一个创新平台设定为一种情况，这在一定程度上取决于参与者的语言偏好，这也揭示了一些位点的特性和协同工作的支脚与动力。"位点"一词源于"位点制度"的观点，这意味着在创新过程中的某个阶段，位点将被主体制度所吸收并成为常态。我们的实证结果显示了一个不同的过程：位点影响系统向一个更有利于他们活动的方向发展。这意味着主体制度的内部发生了变化。这对当前如何将创新扩展、如何认识位点的角色具有理论意义。

这种背景下，我们建议扩展位点的定义，以涵盖一个国家内现有合作创新的多样性。为了避免混淆或误解，"位点"一词也可以由一个中性的综合术语代替，如"受益者创新伙伴关系"或"创新社区"。

> **➡ 关键建议 2 贴近现实，承认"创新社区"的多样性**
>
> "位点"这个词非常概念化，如果没有具体情景化的例子，难以用于实践。它给项目执行者和受益者造成了混乱，并在某些方面延误了能力开发方法和路径的确立。我们建议使用一个中性的统领式术语，如"受益者创新伙伴关系"或"创新社区"，并让实施者因地制宜地选择恰当的术语形式。

6.3 农业创新所需的职能能力、技术能力及其他能力

职能能力的开发本身并不足以"实现创新潜力"，并解释从位点观察到的成果。位点与位点伙伴都需要同时加强技术能力（如何生产、加工产品），以及使价值导向的位点（如：如何销售产品、企业经营等）加强农业商业技能的多样性。聚焦职能能力非常重要，很多情况下职能能力是创新的关键制约点，但职能能力不一定能有效地促进创新。提高解决技术与市场问题的能力依然是必要的。

此外，在不同层面（个人、组织、位点、系统）的职能能力实际开发与创造成果的职能能力以及热带农业平台共同框架中提出的职能能力并不相同。

在系统层面，我们确认了有利于位点创新环境的支持能力。在位点层面，即创新社区层面，我们确定了启动、管理以及扩展创新进程的能力。在组织层面，即创新支持服务提供者，我们确定了与其他创新支持服务提供者协调，向创新位点参与者提供充分、可持续支持服务的能力。

> **➡ 关键建议 3 区分个人、组织和位点所需的能力**
>
> 所需能力和技能应根据所涉层面（个人、组织、位点、系统）加以区分。
>
> 此外，它们应当和创新发展、强化农业创新系统问题紧密相连。
>
> 另外，随着时间的推移，需要对能力进行分级：应当优先开发一些职能能力，比如参与合作行动的能力、制定和管理创新议程的能力，以便更好地确定技术能力需求。
>
> 最后应明确界定职能能力，使其易于翻译成不同的语言、并有助于确定和能力开发相关的活动。

6.3.1　位点层面的能力：联合创新所需的能力

在位点层面最实用的职能能力如下（见第二部分）：

- 参与集体活动的能力，同时也是开发下列能力的基础；
- 提出并管理一个创新议程与战略的能力；
- 传达协调结果的能力；
- 根据需要组织动员新伙伴及扩大位点规模的能力；
- 影响并创造位点外部有利环境的能力。

上述由热带农业平台共同框架所提出的五个职能能力在农业创新背景下缺乏针对性，并且存在一定程度的冗余。协作能力太过宽泛，并且贯穿于所有其他能力之中。这使得很难为协作能力设置具体的能力开发活动。实验与学习能力则是提出一个创新议程能力的一部分。并且学习能力应被视为一种更为系统性的能力，这种能力在所有农业创新系统的支柱机构中都促进了创新学习模式的多样化，这些模式既包括以科学为基础的模式，也包括以实践为基础的模式。尽管管理能力非常重要，但在热带农业平台共同框架所列能力中却并未提及。参与政治进程的能力同样重要，但由于缺乏明确的目的，也难以为其设计合适的能力开发活动。此外，位点参与者使得政策制定者投入到他们创新议程的能力更近乎一种实情而非能力。最后，驾驭复杂性的能力太过抽象，且主要指的是个人的系统性思维能力。因为针对集体与个人的能力开发活动形式上有所差异，所以最好在提出能力开发活动时对集体能力和个人能力有所区分。

> **➲ 关键建议4　进一步阐明所需能力、创新进程的阶段、能力开发活动的可能形式**
>
> 　　技术能力与职能能力要两手抓，同时也要明确在哪个具体层面对它们进行开发。
>
> 　　此外，还需要按时间对能力进行分级。为了更好地定位技术能力的需求，应当优先开发职能能力，如参与协同行动的能力、提出并管理一项创新议程的能力。
>
> 　　最后，职能能力应以一种既易于被翻译为多种语言，又对认知相关的能力开发活动有所助益的形式被清晰地定义。

6.3.2　个人层面的能力：技术与社会技能

第二部分列出了在位点层面所需的技能。值得注意的是，并非所有参与者都需要具备这些技能，但在特定领域或组织活动中担任领导角色的人员必须具备这些技能。

此外，要在农业创新系统层面发生转化式变化，需要以下三类关键参与者具备非常具体的技能：

- 国家创新促进者；
- 研究与推广人员；
- 政策制定者。

本书第二部分已经初步列出了一套能力，但仍需进行更深入的分析。

➡ 关键建议5　定义一套个人技能

应进一步探讨和确定国家创新促进者、研究与推广人员以及政策制定者的具体技能，以便支持大学与其他教育中心编制及改进培训课程。这有助于创造新的就业岗位。

6.3.3　组织层面的能力：提供创新支持服务的能力

在各组织层面的关键能力为：

- 进行内部组织的能力；
- 提供创新支持服务的能力；
- 与外部参与者建立联系的能力。

➡ 关键建议6　为创新支持服务提供者明确一套能力

提供创新支持服务的组织的具体职能能力应列入国家层面创新的关键能力。这些职能能力涉及组织加强的方方面面，包括应对来自组织内外部的挑战。

6.3.4　农业创新系统层面的能力：有待探讨

系统层面开发的职能能力为：

- 领导、参与和建立农业创新系统受益者之间桥梁的能力；
- 评估形势、制定未来规划和指令的能力；
- 协调创新支持服务提供者的能力；
- 组织与传达能力，同时响应位点需求；
- 制定全面、包容的创新政策和战略的能力。

职能能力的增强使农业创新系统参与者能够识别和创造更有利于位点的商业与技术环境。它们不仅在系统层面有些模糊，还在位点层面和创新支持服务提供者层面所确定的能力有所重叠。

在一个高效的、任务导向型的农业创新系统中，我们应该进一步探索这些成体系的能力的具体内容。这种探索有助于完善系统、能力体系和优化环境的概念。这些概念并未在热带农业平台共同框架中得到充分详细的处理，导致系统层面缺乏设计恰当的能力开发策略。

项目执行者在尝试改变系统时经常需要随机应变。此外，这些试点国家在技术方面的需求没有得到充分的评估，这些技术需求也没有在农业创新系统能力建设项目得到妥善处理。

正如在位点层面所观察到的那样，我们期望在系统层面开发一些关键的职能能力，有助于从国家层面微微调整技术门槛。

系统层面的目标能力应当更明确地指向一个高效的创新系统所预期的职能，如提供需求导向创新的能力、产生内生知识的能力、掌握适当技术的能力等。学习能力与技术能力在此应当从系统的角度加以讨论。多样化的知识生产和传播路径应在系统层面得到认可。企业、科研机构和农民组织的创新战略也应以多样化的知识生产与传播路径为指引。并且，从技术转让模式逐渐被淘汰的趋势来看，技术能力应该在农业创新系统层面受到更高的重视。这是一种吸收新技术的能力，也是创造内生新技术的能力。

> **➲ 关键建议 7　在国家农业创新系统层面定义具体能力与干预措施**
>
> 系统的能力应被列入国家层面创新的具体能力。应当结合学习能力与技术能力，更详细地探讨、说明这些能力，这些能力是反映主要创新模式（技术转让或开放式创新）的最关键的能力。

6.4　五阶段与培训方案

由热带农业平台共同框架推动的五个阶段在农业创新系统能力建设项目中并未遵循线性的推进规律。相反的，随着能力建设需求的出现和参与者的进步，开始重复能力开发活动和学习周期。

在项目结束时，随着对创新所需的不同能力有了更多了解，我们可以更容易地确定特定类型的能力开发活动。热带农业平台共同框架的五阶段似乎成为了一种过于死板的方案；我们需要参照成人学习理论和行为变化理论对这种方案进行调整。"从实践中来"的方案意味着基于实际技术或业务活动（需资金支持）的重复循环式学习。为了检测和推动学习进程，这种学习方式需要借助 MEL 系统的支持。

例如在反思与改进研讨会期间，参与者进行了若干次设想与行动规划。随着投入程度的加深，他们对职能能力的理解逐渐提高，他们的创新议程也更加完善。

此外，还需要修订能力需求评估程序。项目伊始，参与者期望从开发项目中获得大量"传统"意义上的支持，导致他们的"需求"是由他们的期望所塑造的。在 t_0 阶段能力需求评估还不能真的了解"职能性问题"。在协同活动实施的过程中，协调人可以观察到出现的问题并提出解决方案。个人和组织实际上是以互动的形式进行创新。

关于能力评估的另一个偏见涉及位点参与者在理解"4＋1"职能能力方面的困难。例如"驾驭复杂性的能力"是很难被翻译或进行解释的。对这种能力必要性的评估具有很高的风险性。

最后，横向分析结果显示，我们根据实践经验揭示的成人学习理论（从实践中来）和行为变化理论（知识-态度-实践）应该被考虑用以驱动能力开发干预措施的设计。为引起行为变化和系统变化，个人、参与者伙伴关系、组织、系统这四个维度都应被纳入整个参与周期，即动机-赋能-知识。将被开发的目标能力应易于被参与者所理解，且和个人、组织、集体（位点）维度有更清晰的关联性。

➡ 关键建议 8　学习理论中能力建设的基本方法

五阶段是一种关于如何实施能力开发的干涉措施的理论，但是这种构想存在诸多局限。在不同背景下必须对其进行调整。如果热带农业平台共同框架可以侧重于改变理论，并将重点放在若干进程中发生变化的可能性上就更好了。

热带农业平台共同框架应当以体验学习理论、行为变化理论和创新理论为基础，强调在个人、组织、位点、系统这些不同层面学习和能力开发的进程差异。

6.5　创新促进者与培训团队

"行动、反思、学习的循环"需要一个"培训团队"而不是某个"创新促进者"进行密集式的培训。

"创新促进者"被视为不同层面间的桥梁，但这很难付诸实践。促进、衔接和协调是任何制度的基础。同样的，定义目的和促进活动的层面亦是有效实施项目的关键。基于项目结果，我们建议组建培训团队，而不是依靠个人来覆盖所有在位点层面的必要活动。

培训一个特定位点需要不同类型的、具备技能和知识的人：

- 一位促进者；
- 培训进程设计师；
- 能力开发专家，其个人情况取决于创新的性质（即技术和社会维度）。

应确定整个团队所需的能力与技能，并制定培训程序以习得或强化这些能力与技能。

结合创新支持服务提供者的能力开发议题，应对培训团队的运作做进一步的解释与验证。

国家创新促进者和培训团队的准备工作至关重要，这既需要时间也需要培养技能，技能只能通过实践积累来培养。特定课程和"从实践中来"法被证明是有效的，并且应该在和国家职业教育中心合作期间，通过目标干预措施对这些课程和方法进行更广泛地开发。

应将整套的技巧和能力进行整合，以适应位点、创新支持服务提供者和更大范围内农业创新系统中的其他参与者（如决策者）的需求。通过引入较高的职业准入标准，可以提高创新促进的公信力和认可度，从而确保创新促进在农业创新系统的三个战略层面发挥作用。

➔ 关键建议 9　减少创新促进者的职责，推广培训团队

"创新促进者"的概念过于松散，需要实践者进一步的诠释。对于促进创新来说，一个培训团队、其他管理性质的活动、监测-评估-学习和促进活动都是有效且必要的。应当提倡这种培训团队的模式，而不是由个人充当协调员。这种用培训团队替代个体成为促进者的理念应当在行动理论中作为重点进行推广，尤其是在基于农业创新系统能力建设的项目中。

6.6　改变创新能力，从双重路径到三重路径的变化

八个试点国家表明，在位点和政策两个层面同时开展位点的具体活动和工作，对于提高政策制定者的认识是非常有效且具有转化性的。创新支持服务提

供者是创新进程与能力扩展的关键参与者，因此他们应被视为干预措施中的关键层面。

> ### ➡ 关键建议 10　推广三重路径式的改变
>
> 为了持续强化农业创新系统，一个关键目标不是扩大创新规模（各国有太多不同的案例和需求），而是扩展培训进程，使受益者的内生和草根创新提议得到个性化的支持方案。
>
> 在三重路径方案中，创新支持服务提供者应被视为干预措施中的核心层面。除了核心层面外的其他层面还包含：受益者创新伙伴关系；创新支持服务提供者；政府机构和监管环境。

6.7　监测与评估是为了学习而不是问责

长期质变的观点有农业创新系统需要根本性变化的含义，例如研究人员和推广机构的职责发生改变、研究人员和推广人员的思维与实践发生转变、创建农业创新政策和系统的政策工具，以及创建为创新促进者提供服务的新型机构。

我们可以对以下几种转化方式进行思考：系统层面、个人和组织层面。它们并不都需要同类支持。此外，它们要求转化的进程是由需求所驱动的，以确保各国遵守并支持这些转化。

为了构建一个愿景，并且能够追踪这些变化，监测-评估-学习系统是非常有用的，甚至是必需的。监测-评估-学习系统还让项目执行者可以根据实际进程以及路径上的变化来坚持和调整自己的干预措施。

但是农业创新系统能力建设项目中所使用的监测-评估-学习工具也需要有几点改进。出于研究目的，监测-评估-学习工具有助于生产分析和比较影响路径所需的数据。这些工具有助于展示产生变化的过程。它们还有助于说明项目执行团队所取得的进展。项目前改变理论和项目后改变理论的比较说明了项目实施团队的实际收获。然而从许多项目执行者的角度看，有必要对这些工具进行简化，降低其理解和使用难度，使其变得更为清晰明了。例如，他们追踪了能力开发活动、职能能力和个人、组织层面变化之间假设的关联，发现项目前改变理论被证明对指导项目实施没有帮助，甚至影响路径也没有预期中的多样化。后影响路径设计没有预料到学习机制的多样性。实时方案更切合实际。进程中的标记和丰硕成果反映出了能力开发和创新方案对位点活动的贡献。"能力"是一个动态的目标，对它的监测-评估同样需要一个动态的架构。

最后，如果人们没有经过良好的培训，不能根据位点参与者的学习动态调整时间表、研讨会和进程，那么遵循监测-评估-学习系统可能会成为一种负担。因此，训练有素的监测-评估-学习团队和明确的监测-评估-学习目标是关键。在试点经历中，比如农业创新系统能力建设项目，我们需要为"验证"热带农业平台共同框架这一目的生成大量数据。

我们建议在能力开发过程中嵌入监测-评估-学习系统，因为它有助于理解方式方法，帮助每种类型的参与者更有效地发挥作用，消除误解与重复性。监测-评估-学习还提供了一些指标，在这些指标的基础上，可以对能力开发不断地进行调整，并最终从微观、中观和宏观农业创新系统层面进行扩展。

> ➡ **关键建议 11　利用实时监测-评估-学习工具以支持能力建设干预措施的实施**
>
> 监测-评估善于了解已知的东西。意外和未知超出了正常监测与评估系统的范畴。系统性的转化则属于"未知"范畴。在诸多层面，许多路径上的变化是有可能发生或需要发生的。因此，监测和评估系统应注重变化过程，以便捕捉对能力建设干预措施的反应行为。并且录入这些关键的反应行为也是从个人和组织层面对转化式学习的重要支持。
>
> 因此将监测-评估-学习嵌入到能力建设活动中是至关重要的。

7 让热带农业平台共同框架更具适用性

农业创新系统能力建设项目开始时制定的热带农业平台共同框架尤其在偏管理的角度，如我们想创造什么改变以及如何创造，缺乏实践指导内容。热带农业平台共同框架手册本质上相当学术。传播农业创新系统能力建设方案需要有更具体和实际的案例作为指引。

在农业创新系统能力建设项目期间我们制作了一些手册。其他关于下列主题的手册可能会有所助益：

· 对某些特定类型的创新位点（如创新企业家、商业群体或创新促进关系网络）的培训过程是非常不同的；

· 培训团队的活动与训练；

· 制定和管理创新议程；

· 为研究人员和推广人员提供的开放式创新流程训练包。

此外，热带农业平台共同框架和实践指南需要在这八个国家的农业创新系统发展经验以及其他项目的基础上不断改进。为了在实践中做到这一点，可以动员热带农业平台成员、欧洲农业知识发展联盟成员以及能力开发专家人际关系网作为项目、倡议或组织的元支持基础以增强农业创新系统，具体实践如下：汇总收获；组织跨国分析；分享、产生或确定方法论的参考文献；以及组织培训。

8 增加热带农业平台共同框架的使用

沟通、参与训练和联合应用型研究项目有助于提高热带农业平台共同框架的使用频率。

建议采取以下几种行动或干预措施：

（1）就农业创新系统能力建设和其他类似项目的经验进行交流。

（2）将热带农业平台共同框架和相关工具纳入农业发展项目和机构，特别是创新支持服务提供者。

（3）将热带农业平台共同框架和相关工具纳入高等教育机构和大学课程。

（4）针对农业创新系统的能力建设培训的开发和参与（虚拟的或现实的，多语种的）。

（5）有负责支持农业创新的研究人员和从业人员共同设计用于农业创新系统能力建设的其他工具；需要注意的是将欧洲团队与计划使用热带农业平台共同框架的国家的团队混合在一起。

（6）在欧洲农业知识发展联盟和国家研究机构之间制定关于农业创新系统能力建设的联合研究议程，以获得关于加强农业创新系统有效方法的见解，并支持询证项目设计与创新政策制定。

参考文献
REFERENCES

Cap, J. P. , Blaich, E. , Kohl, H. , Von Raesfeld, A. , Harms, R. & Will, M. 2019. Multilevel network management—A method for managing interorganizational innovation networks. Journal of Engineering and Technology Management，51：21 - 32.

Chesbrough, H. , Vanhaverbeke, W. & West, J. 2006. Open innovation：Researching a new paradigm. Oxford University Press on Demand.

Eisenhardt, K. M. 1991. Better stories and better constructs：The case for rigor and comparative logic. Academy of Management Review，16（3）：620 - 627.

Elzen, B. , Enserink, B. & Smit, W. A. 1996. Socio - technical networks：How a technology studies approach may help to solve problems related to technical change. Social Studies of Science，26（1）：95 - 141.

Ferru M. , Grossetti M. & Bes M. - P. , 2011. Measuring social embeddedness：how to identify social networks in science - industry partnerships? ERSA conference papers 11 p971，European Regional Science Association.

Gassmann, O. 2006. Opening up the innovation process：towards an agenda. R & D Management，36（3）：223 - 228.

Geels, F. W. 2002. Technological transitions as evolutionary reconfiguration processes：a multi - level perspective and a case - study. Research Policy，31（8 - 9）：1257 - 1274.

Grin, J. , & Van de Graaf, H. 1996. Technology assessment as learning. Science，Technology，& Human Values，21（1）：72 - 99.

Grin, J. 2008. The multilevel perspective and design of system innovations. Managing the transition to renewable energy：theory and practice from local，regional and macro perspectives，47 - 48.

Hall, A. , Sulaiman, R. , Beshah, T. , Madzudzo, E. , & Puskur, R. 2009. Agricultural innovation system capacity development：Tools，principles or policies? Capacity. org，Issue 37（pp. 16 - 17）.

Heemskerk W. , Klerkx L. & Sitima J. , 2011. Brokering innovation. In Nederlof，S. , Wongtschowksi，M. & van der Lee，F.（eds. ）Putting heads together：Agricultural innovation platforms in practice. Amsterdam，KIT Publishers：43 - 54.

Kemp, R. , Schot, J. , & Hoogma, R. 1998. Regime shifts to sustainability through processes of niche formation：the approach of strategic niche management. Technology

Analysis & Strategic Management, 10 (2): 175 - 198.

Klerkx, L. & Leeuwis, C. 2009. Establishment and embedding of innovation brokers at different innovation system levels: Insights from the Dutch agricultural sector. Technological Forecasting and Social Change, 76 (6): 849 - 860.

Lamprinopoulou, C. , Renwick, A. , Klerkx, L. , Hermans, F. & Roep, D. 2014. Application of an integrated systemic framework for analysing agricultural innovation systems and informing innovation policies: Comparing the Dutch and Scottish agrifood sectors. Agricultural Systems, 129: 40 - 54.

Lawrence, T. B. , Hardy, C. & Phillips, N. 2002. Institutional effects of interorganizational collaboration: The emergence of proto - institutions. Academy of Management Journal, 45 (1): 281 - 290.

Mezirow, J. 1991. Transformative dimensions of adult learning. Jossey - Bass, 350 Sansome Street, San Francisco, CA 94104 - 1310.

Mayne, J. 2001. Addressing attribution through contribution analysis: using performance measures sensibly. Canadian Journal of Program Evaluation, 16 (1): 1 - 24.

Pasiecznik, N. 2018. Building Competence and Confidence in Agricultural Innovation Systems. Stories of Change. Agrinatura, Paris, France, and FAO, Rome, Italy. 196 pp.

Paschke, M. , Pfisterer, A. , Hirschi, C. , Last, L. , Pauli, D. , Studer, B. & Mc Nally, K. E. 2019. Evidence - based policymaking. Engaging in the Science - Policy Dialogue.

FAO & Agrinatura. 2019a. Organising a Marketplace—A practical guide. Rudebjer P, Bucciarelli M, Nichterlein K, Saley Moussa A, eds. FAO, Rome and Agrinatura, Paris. 28 pp.

FAO & Agrinatura. 2019b. Organising a Policy Dialogue—A practical guide. Rudebjer P, Bucciarelli M, Nichterlein K, Saley Moussa A, Hawkins R, eds. FAO, Rome and Agrinatura, Paris. 20 pp.

Schot, J. , & Geels, F. W. 2008. Strategic niche management and sustainable innovation journeys: theory, findings, research agenda, and policy. Technology Analysis & Strategic Management, 20 (5): 537 - 554.

Smits, R. , & Kuhlmann, S. 2004. The rise of systemic instruments in innovation policy. International Journal of Foresight and Innovation Policy, 1 (1 - 2): 4 - 32.

Temple L. , Barret D. , Blundo Canto G. , Dabat M. - H. , Devaux - Spatarakis A. , Faure G. , Hainzelin E. , Mathe S. , Toillier A. , & Triomphe, B. (2018) . Assessing impacts of agricultural research for development: A systemic model focusing on outcomes. Research Evaluation, 27 (2): 157 - 170.

Toillier, A. , Guillonnet R. , Bucciarelli M. , Vermeulen H. , Wopereis - Pura M. 2019. Monitoring, evaluation and learning - Concepts, principles and tools. Paris: Agrinatura - FAO, 28 p. (Manuals and Guidelines/CDAIS) ISBN 978 - 2 - 35709 - 006 - 4; 978 - 92 - 5 - 131494 - 4. https: //cdais. net/wp - content/uploads/2019/08/CDAIS - M6 - MEL -

Monitoring - Evaluation - and - Learning. pdf.

Toillier，A.，Faure G.，Chia E. 2018. Designing and organizing support for collective innovation in agriculture. In：Innovation and development in agricultural and food systems. Faure Guy，Chiffoleau Yuna，Goulet Frédéric，Temple Ludovic，Touzard Jean - Marc，108 - 121.（Synthèses：Quae）ISBN 978 - 2 - 7592 - 2960 - 4. https：//www. quae. com/produit/1540/9782759229604/innovation - and - development - in - agricultural - and - food - systems.

Tropical Agriculture Platform（TAP）. 2016. Common Framework on Capacity Development for Agricultural Innovation Systems：Conceptual Background. CAB International，Wallingford，UK. https：//www. cabi. org/Uploads/CABI/about - us/4. 8. 5 - other - business - policies - and - strategies/tap - conceptual - background. pdf.

Vermeulen H.，Toillier A.，Kola N. P.，Zerfu E.，Hawkins R.，D'Aquino P.，Furlan N.，Wopereis - Pura M. 2019. Innovation niche partnerships—A guide to the coaching process. Paris：Agrinatura - FAO，36 pp.（Manuals and Guidelines/CDAIS）ISBN 978 - 2 -35709 - 002 - 6；978 - 92 - 5 - 131493 - 7. https：//cdais. net/publications/guides - manuals/.

Weber，K. M. & Rohracher，H. 2012. Legitimizing research，technology and innovation policies for transformative change：Combining insights from innovation systems and multi - level perspective in a comprehensive 'failures' framework. Research Policy，41（6）：1037 - 1047.

Wieczorek，A. J. & Hekkert P.，2012. Systemic instruments for systemic innovation problems：a framework for policy makers and innovation scholars. Science and Public Policy，39：74 - 87.

Woolthuis，R. K.，Lankhuisen，M.，Gilsing，V. 2005. A system failure framework for innovation policy design. Technology，25：609 - 619.

Wopereis - Pura，M.，Kola，N. P.，Toillier，A.，Ekong J.，Hawkins R.，Eshetu S.，Dobson，H. 2019. Organisational strengthening—A guide to the coaching process. Paris：Agrinatura - FAO，52 pp.（Manuals and Guidelines/CDAIS）ISBN 978 - 2 - 35709 - 003 - 3；978 - 92 - 5 - 131526 - 2.

World Bank，2016. Supporting Transformational change for poverty reduction and shared prosperity，WB，Washington DC，121pp.

附　　录

附录 1　为采集数据所用的监测-评估-学习（MEL）工具

- 系统层面的 MEL 数据采集

附表 1　八个试点国家系统层面常用的监测-评估-学习工具（低限）

时期	工具	简短描述	学习事件
基线 （t_0）	范围研究	利用对关键信息提供者访谈的研究来绘制农业创新系统利益相关者图谱、确定创新政治议程、评估农业创新系统的优势和劣势	国家验证研讨会向农业创新系统利益相关者介绍了能力需求评估的结果，并联合验证了预先确定的能力建设干预措施的有效性
	国家创新促进者雷达	"国家创新促进者雷达"是国家创新促进者（NIFs）自我评估的工具，其重点关注并展示了他们在技能、知识和态度方面取得的进展	
监测 （t_1，t_2）	变革事件	"变革事件"是一种用来实现传达农业创新系统能力建设进展和价值的工具，国家团队需要定期收集和撰写事件	技术项目委员会会议 国家团队定期举行会议，根据与会者的反馈意见和能力建设的需要调整执行战略
	事件日志	事件日志是一个在线系统，它记录了活动的组织信息（时间、内容、原因、方式），以及每次研讨会或活动后参与者的评估和学习	
评价 （t_3）	国家创新促进者自我评价雷达	国家创新促进者在促进创新过程中对他们的关键技能进行评估	最终评估研讨会和国家农业创新系统能力建设论坛验证了后影响路径，并利用监测评估学习系统结果的输入设计了退出策略
	有利环境的调查问卷	利用对主要合作者访谈的研究，评估促进该国创新的制度和政策环境的变化	
	后影响路径	绘制投入、产出、成果和潜在影响之间的因果关系，从而记录农业创新系统如何通过各级干预（个人、创新位点伙伴关系和组织）和政策对话活动产生变化	

资料来源：众作者。

附表2 八个试点国家在位点层面常用的监测-评估-学习工具（低限）

时期	工具	简短描述	学习事件
基线（t_0）	创新时间轴	时间轴是一种用于对网络进程进行联合反思的方法，实现了参与者分享对正在发生的事情的看法，揭示了网络的历史、关键时刻，提出了下一步的建议	能力需求评估研讨会和成果图在促进者的帮助下，将项目改变理论付诸行动。 设计一项指导计划包括愿景、能力需求、能力建设战略和进展标记
	关系网分析	网络分析评估了创新参与者网络的构成、他们之间互动的性质（服务、信息、知识的提供以及资金等），以及是否真的对创新项目有帮助	
	能力评估问卷和评分工具	是一种对形成创新位点伙伴关系的小组的运作和技术能力的独立评估。评分工具和轮状图用于表示能力水平	
	进展标记识别	根据能力建设战略确定进展标记	
监测（t_1，t_2）	进展标记评估和改进	评估是否达到、超过进展标记，或者与初始确定的进展标记存在偏差	再现性与重复性研讨会 根据监测结果，反思指导计划，并根据需要对其进行改进
	强化创新时间轴	收集有关合作伙伴、组织和其他利益相关者（包括直接受益人）的阶段性成果、学习情况、失败的故事 帮助利益相关者选择在创新过程和创新能力建设驱动最大的情形 在能力需求评估期间绘制的时间轴上报告相关故事	
评价（t_3）	能力评估问卷和评分工具	基于个人认知，评估项目过程中每个职能能力所取得的进展 评分工具和轮状图用于表示能力水平	评估研讨会 根据对所取得的进展进行评估，与创新位点合作伙伴确定他们如何在没有外部支持的情况下继续自己的工作
	更新关系网络图	评估当前网络中的参与者：谁退出了，谁加入了？ 评估参与者之间关系的性质（人际关系、受市场利益或组织利益的影响） 评估在项目期间这些关系是否有变化	
	贡献分析图	贡献图将项目产出、能力变化等相关结果联系起来。它力求描述和衡量项目产出对能力变化的贡献	

资料来源：众作者。

附录 2　八个农业创新系统中的能力建设项目实施国家的位点创新伙伴关系名录

国家	创新位点伙伴关系	目标	根据能力需求评估确定的初始优先目标	获得职能能力后，在项目结束时观察或报告结果
安哥拉	水稻发展	提高万博省水稻产量，改进生产者生产技术水平	将合作关系正式化，并纳入更多战略合作伙伴（国家种子服务、私营部门、投入生产者）。建立协调机制、制定激励措施，让合作伙伴参与进来 加强信息和知识共享机制 对农民进行收割后的技术培训，例如加工和包装	将第一个村的稻米生产者组织成为合作社。他们可以共同确定其活动的优先次序并做出决定。为收购一家碾米厂，合作伙伴需要获得金融支持服务的帮助。项目结束时，他们已将产量从350千克/公顷增加到2.5吨/公顷，并成功收购了碾米厂。其他四个村庄也按要求进行类似的干预措施
	农村创业	为新的农业企业家提供商业机会，鼓励大规模生产禾本科植物和豆类	为农民合作社及其合作伙伴关系的其他参与者制定战略和商业计划 加强设计项目提案和管理项目的能力 寻求财政支持机制，改善农场管理	无记录
	种子合作社	由小生产者生产并经国家种子服务（SENSE）评估的高质量种子的商业化（大量育种）	正式确定与国际内部审计师协会、国家种子服务的种子认证合作关系 建立信息共享机制（包括培训信息共享中的参与者） 种子加工和营销培训	加强了集团的组织和管理流程。让年轻企业家参与进来。因此，他们了解了作物轮作，所生产的种子质量得到了提高
孟加拉国	芒果	发展希布甘杰（Shibganj）芒果协会（SMA），支持安全优质的芒果生产、加工和营销	培养希布甘杰芒果协会及其成员的组织能力和业务管理能力 发展希布甘杰芒果协会成为具有战略和集群商业计划的多利益相关者平台 学习如何通过加工、品牌推广和营销提高芒果质量和增值	希布甘杰芒果生产者合作社（有限公司）成立。作为一个群体，他们能够影响政策的制定，例如芒果的标准重量、合作伙伴的加入。例如，瑞士的Contact和Solidaridad组织均有兴趣与该群体继续合作

（续）

国家	创新位点伙伴关系	目标	根据能力需求评估确定的初始优先目标	获得职能能力后，在项目结束时观察或报告结果
孟加拉国	鱼	迈门辛（Mymensingh）的特里沙尔（Trishal）通过优质鱼苗、生产饲料、养殖鱼类，实现水产养殖可持续发展	了解团队参与提高质量（种子和饲料）并通过加工、品牌和营销增加价值的情况 培养农民在组织、集群网络和财务评估方面的能力 培养多利益相关者平台运作的技能，制定战略、商业和营销计划	特里沙尔渔农合作社成立。作为一个群体，他们能够相互协商鱼类销售价格，并学会在养鱼过程中减少化学品的使用
	菠萝	加强班达尔班（Bandarban）现有的生产者组织，确保菠萝生产、加工、可持续营销的安全和质量	培养农民群体的组织能力、商业管理能力 了解集团通过加工、品牌和营销来提高质量和增加价值的情况 在解决可持续性问题的同时，培养作为多利益相关者平台运作的技能，制定菠萝加工、品牌和营销方面的战略和集群商业计划	班达尔班菠萝种植者协会成立。农民们学会了团队合作工作，如谈判销售价格、获得技术援助、加工
布基纳法索	家庭微型企业	加强对创新型和女性主导的农产品家庭微型企业的扶持	提高加工产品的质量 获得金融服务，实现优质投入和配套设备的使用	成立了由 10 名女性食品加工商组成的商业群体。作为一个整体，她们能够从银行获得信贷，来改善加工工程，进而增加销售额和收入
	咨询服务	生产者组织通过利用信息通信技术提供农业咨询服务，实现现代化	加强农民组织的网络化管理 实现农业咨询服务现代化并持续发展	七个农民组织以及一个信息通信技术解决方案设计师能够共同为推广人员设计、搭建一个数字化平台。因此，布基纳法索正在运营一个创收型数字化平台，同时一些农民组织也自行购买了信息技术设备
	葵花籽	通过创建新形式的生产者组织来发展葵花籽产业	从当地品种中选育生产适应性强且高产的种子 保证生产者获得优质投入（种子、有机肥和化肥、作物产品） 确定组织和培训葵花籽行业的参与者	无报告

（续）

国家	创新位点伙伴关系	目标	根据能力需求评估确定的初始优先目标	获得职能能力后，在项目结束时观察或报告结果
布基纳法索	有机农业	建立参与式有机农业保障体系（SPG - Agri - Bio）	改善有机农业部门的组织 制定相应机制扩展参与式保障体系的实践 加强体系参与者的实践技能	一个由 15 个组织构成的网络群体，能够实施并改进首个国家有机农业标签认证程序。因此，10 家农场获得了有机农场的标签，创建区域性市场的提案也得到了支持
	滴灌	为小型家庭农场建立可持续性的滴灌系统	在小型家庭农场中推广低成本滴灌市场 增加准入名额和财政支持，提高小型家庭农场投资滴灌的能力 组织小农户学习，对他们进行滴灌管理培训	家庭农场微灌技术得到了推广
	土地保有权	市政府实施土地租赁法（CFL）	制定方案帮助已经参与的市政府批准当地土地宪章 向所有市政府宣传地方土地宪章进程	提高了对地方土地宪章的认识，以便实现作物整合
埃塞俄比亚	牛奶需求刺激	牛奶需求刺激伙伴关系	在亚的斯亚贝巴的小学实施喝牛奶方案 通过媒体宣传活动推广巴氏杀菌牛奶，增加亚的斯亚贝巴的加工牛奶销量	改善了牛奶行业部委和机构之间的工作关系。因此，起草了一项学校牛奶标签法令，该法令将增加对优质牛奶的需求
	麦芽大麦	建立富有生机的麦芽大麦种子生产和销售合作社	改善和加强参与者伙伴关系的联系 加强优质大麦种子和谷物的生产和供应，满足国内需求，增强种子生产合作社的人力、财力和物力	改善了种子生产者和购买者的合作关系 合作伙伴间更好沟通提高了麦农得到的种子质量，进而提高了麦芽大麦的质量
	鹰嘴豆	建立合作关系，使登比亚沃雷达（Dembia Woreda）地区占全国鹰嘴豆生产和销售的 35%	鹰嘴豆集群中的农民应当获得鹰嘴豆技术投入、推广服务、鹰嘴豆病害控制技术支持和鹰嘴豆生产技能 农业企业应当在登比亚沃雷达定期出售大量投入品并购买足够数量的鹰嘴豆	通过改善沟通和关系，可以使农民及时使用优质的种子。及时提供给农民的优质种子。此外，实行规模化农业的农民数量增加，导致该地区鹰嘴豆产量和农场收入增加

（续）

国家	创新位点伙伴关系	目标	根据能力需求评估确定的初始优先目标	获得职能能力后，在项目结束时观察或报告结果
埃塞俄比亚	牲畜饲料	保证牲畜饲料的安全和质量	制定饲料风险评估、风险管理和风险沟通的法律框架 制定饲料风险评估、风险管理和风险的沟通指南	饲料风险评估、管理和沟通指南得到发展
	种子	建立一个自我维持的、以合作为基础的种子系统，满足高达70%区域的种子需求	合作伙伴应通过建立具有法律效力的种子营销体系合同，获得应对种子营销挑战的能力	引入了一个区域性的、法律上可执行的种子营销系统，涉及从农民那里承包种子供应
危地马拉	蜂蜜	加强组织的创业能力	加强组织的战略规划和企业管理 确定并开发新的生产和营销替代方案 优化蜂蜜产品的生产和商业化	区域蜂蜜生产者合作社（CIPAC）作为一个合作社得到加强，将鼓励其他合作社并促进国家蜂蜜生产者协会的振兴。因此，农民合作社在参与政治进程和增加产品生产和销售方面有更大的作用
	可可	加强可可北方工作组	加强农业综合企业中可可生产者的组织（北方工作组）并通过增值产品拓宽其进入国内外市场的渠道	南北方可可工作组之间建立了合作关系，促使优质产品多样化，可可和其他替代作物产业化，并制定了可可行业的国家战略
	鳄梨	建立可行的鳄梨网络	确立鳄梨生产者组织的法律地位 提高鳄梨产量（数量和质量） 改善鳄梨营销情况和改良加工	高原综合发展协会成立促使鳄梨打入市场和营销情况得以改善
	大豆	提高生物强化大豆的产量和商业化程度	建立一个机制去组织稳定的资金网络或建立一个生物强化大豆生产者组织 加强大豆种子和强化谷物的商业化	生产者与农业部和卫生中心达成协议促使营养改良的豆子越来越多地被纳入学校的膳食计划

（续）

国家	创新位点伙伴关系	目标	根据能力需求评估确定的初始优先目标	获得职能能力后，在项目结束时观察或报告结果
洪都拉斯	可可	改善该地区可可的生产和收获后管理	改善行动者之间的关系，传播良好的农艺实践和获得充足的遗传材料 加强可可生产者的收获后管理能力	可可生产者合作社是合法注册的。因此，生产商得以与国际买家进行谈判。 向巧克力公司提供政策支持的公共机构得到认可和注册。国立自治大学大西洋区中心在可可豆开发和培训方面成为地区公认的参与者，获得了新的开发项目
	蜂蜜	建立蜂蜜价值链的参与者网络	在不同层面（地方、区域和国家）加强大豆价值链参与者的能力 提高蜂蜜价值链参与者与政府机构、国际组织和私营部门实体建立关系的能力	具有法律地位的国家大豆商会成立促使大豆的销售量和采购量增加，以及增加了大豆生产者获得灌溉基础设施融资的机会
	咖啡豆	形成该地区咖啡豆的可持续生产和市场	通过更好地协调生产者的需求和活动，赋能生产者 定义该地区咖啡豆的独特品质 建立咖啡豆生产者和购买者的保障机制	这一细分市场的生产商确定了咖啡的国际市场，并与之达成了交易，使得咖啡生产商增加了收入
	马铃薯	增加马铃薯生产者的商业机会	加强生产者的合作能力，提高他们的商业技能（如规划、谈判、营销） 提高个人满足信贷要求的能力	由于更好地理解了合法化过程以及作为一个团队合作的好处，生产商被合法组织起来。这一位点市场促成了马铃薯价值链的建立。因此，与合作伙伴建立了强有力的联系以改善生产，生产者在决策过程中也获得了发言权
老挝	猪肉	加强 Dong Ka 村小型养猪场经营	农民应当以更低的成本养猪并获得更高的利润	鼓励养猪户之间进行合作，他们通过自行协商获得了所需的技术技能 商业技能得到了提高，能够在新市场进行谈判并销售更多产品。促使养猪业扩展到了其他四个村庄，增加了产量和收入，扩大了市场范围

（续）

国家	创新位点伙伴关系	目标	根据能力需求评估确定的初始优先目标	获得职能能力后，在项目结束时观察或报告结果
老挝	牛肉	加强 Ban Keun 牛农生产组织	养殖者应当使用适当低成本的当地饲料饲养和育肥外来牛。养殖者应当增加外来牛品种的繁殖，并改善其健康状况 养殖者应当管理他们的外来牛生产、投资和市场	养殖户获得了对形势进行批判性分析的技能并改善了群体管理，确定了养牛业的新业务——向蔬菜种植者出售肥料，并签订了公犊饲养新合同，并将杂交牛扩大到其他省份。因此，农民现在有了固定收入
	有机蔬菜	加强有机蔬菜生产农民群体建设	农民应当使用有效的有机肥料，并能够控制病虫害 农民小组委员会应具备系统的内部质量控制和管理能力 农民应当获得资金和更大的市场机会	更好的合作带来了有组织的培训和对有机农业的理解。农民获得了有机农业证书并增加了产量和收入
	通芒地区的蔬菜	通芒地区的有机蔬菜生产（农民网络）	农民应当在季风季节种植更多的蔬菜品种 农民应当获得资金 农民应该有更多的市场机会	农民有权与餐馆和批发市场建立新的合作关系。他们获得了改进的技术技能以扩大种植领域，并提高了谈判贷款和获得有机种植认证的商业技能
	水生动物蛋白	促进稻田水生动物蛋白的可持续生产和销售	获得水资源，应用当地水资源和水生动物管理技术，利用现有资源实现收入多样化（稻田中的自然和非自然水生动物） 调整当地社区的保护措施，以确保稻田的农业生态平衡 获得条件合理的信贷，使农民能够偿还贷款并从贷款投资中获利	获得批判性思维以满足当前和未来农业发展的需求。联合分析的结果是将重心转至蔬菜种植与鸡饲养。结果就是农民们有了新的收入来源，并且注册了一个当地的生产社团用以进行商业协商
	大米	碾米商联合会	改善所有团队成员的组织和管理 加强大米供应链的管理，提高协会对公众的知名度，增加协会内部的信任和协作，提高大米出口质量	加强了农民之间的合作，增加了从银行获得商业贷款的机会。改进的技术技能提高了供应客户的大米质量，并为农民提供了优质种子

（续）

国家	创新位点伙伴关系	目标	根据能力需求评估确定的初始优先目标	获得职能能力后，在项目结束时观察或报告结果
卢旺达共和国	卢万戈区集水区	通过提高作物和动物产量以及减少收获后损失，改善位点参与者的生计	改善集水区居住者之间的协作 建立有效的供水和管理系统（水资源共享计划和基础设施改进，并进行有效检查） 确定潜在参与者以支持收获后的各种活动，并适当建立伙伴关系网络	在治理、伙伴关系和业务发展方面的指导改善了动物和作物产品的市场准入
	鲁汉戈区木薯	在参与者之间建立良好的合作关系：①农民、研究和推广；②农民和Kinazi木薯种植有限公司——用于木薯种植的清洁材料的可用性	改善与Kinazi加工厂的合作与优化合同内容 通过旨在帮助农民遵守标准的研究，获得无病和耐性种植材料以及其他有用的木薯技术 建立一个管理、运作良好的合作伙伴关系，其活动有据可查，并以透明有效的方式进行内、外部沟通	对合作伙伴关系和业务发展的指导导致木薯产量增加，以满足木薯工厂的全部产能和木薯市场的振兴
	布雷拉牛奶加工中心	在布雷拉社区处理中心（CPC）之间建立良好的合作关系，以改善牛奶生产和牛奶交易系统	改善布雷拉社区处理中心牛奶供应链 提高兽医和其他服务提供商的能力，寻求有效的服务和变革管理 加强创新伙伴关系，在牛奶价值链中实现有效沟通和服务	针对合作伙伴关系和商业开发方面的培训，再加上技术知识的提高，不仅使牛奶生产的质量和产量得到了提升，实现了产品多样化，还优化了牛奶和奶制品贸易

图书在版编目（CIP）数据

农业创新系统中的能力建设：来自八个国家的共同框架实施经验/联合国粮食及农业组织，欧洲农业知识发展联盟编著；吴建寨等译. —北京：中国农业出版社，2022.12

（FAO中文出版计划项目丛书）

ISBN 978-7-109-30387-4

Ⅰ.①农⋯　Ⅱ.①联⋯　②欧⋯　③吴⋯　Ⅲ.①农业—国家创新系统—研究—世界　Ⅳ.①F31

中国国家版本馆CIP数据核字（2023）第018326号

著作权合同登记号：图字01-2022-4080号

农业创新系统中的能力建设

NONGYE CHUANGXIN XITONG ZHONG DE NENGLI JIANSHE

中国农业出版社出版

地址：北京市朝阳区麦子店街18号楼

邮编：100125

责任编辑：郑　君

版式设计：王　晨　　责任校对：吴丽婷

印刷：北京中兴印刷有限公司

版次：2022年12月第1版

印次：2022年12月北京第1次印刷

发行：新华书店北京发行所

开本：700mm×1000mm　1/16

印张：8.25

字数：160千字

定价：78.00元